Michaela Hörl

Botschaften der Pflanzen

Buch zum Kartenset

Dieses Buch ist als Ratgeber gedacht und wurde sorgfältig erarbeitet. Jedoch ersetzt es keinen Arzt. Die Angaben sind ohne Gewähr und die Autorin übernimmt keine Haftung über den Gebrauch oder die Anwendung der vorgestellten Praktiken und Pflanzenrezepte.

ISBN 978-3-99025-118-8

A-4020 Linz
www.freya.at

Layout: freya_art, Daniela Waser
Lektorat: Mag. Dorothea Forster

printed in EU

Michaela Hörl

Botschaften der Pflanzen

Pflanzen sprechen zu dir.

Eine Reise zu den Pflanzenwesen ...

freya

Inhalt

Vorwort
von Nana Nauwald

„Vor lauter Lauschen
und Staunen sei still,
du mein tieftiefes Leben;
dass du weißt, was der
Wind dir will,
eh noch die Birken
beben."

Dieser Vers von *Rilke* begleitet mich seit vielen Jahren durch die erstaunlichen Welten vielfältiger Wirklichkeiten. Staunend habe ich gelernt zu „lauschen": dem Klang der sichtbaren und nicht sichtbaren Kräfte in der Natur, und mehr und mehr auch meinem eigenen Klang, denn auch mein Menschenwesen ist Natur.

Alles, was lebendig ist, hat einen Geist und ein seiner Art entsprechendes Bewusstsein: „beseelte Natur". Welch eine Freude zu erleben, dass wild und auch weise aus den „alten" Wurzeln des Natur-Geist-Wissens in unseren Heimatlanden neue Triebe wachsen! In diesen Zweigen haben auch iPhone und E-Book Platz, denn es geht nicht um eine romantische Verklärung von Natur, sondern um ein unseren heutigen Lebensbedingungen entsprechendes „bewusstes Sein".

In vielen schamanischen Ritualen indigener Völker und auch bei uns hier in Europa durfte ich besonders die heilsame Verbindung mit dem Geist der Pflanzen erfahren. Pflanzenrituale, die in diesen Zustand der „lauschenden Erkenntnis" führen, sind ein zentraler Bestandteil unseres europäischen schamanischen Erbes. In vom Geist des Schamanismus geprägten Bewusstseinswelten sind Pflanzen eigenständige Wesenheiten, erfüllt von Wissen. Sich von diesem Wissen berühren zu lassen, es mit dem eigenen inneren Wissen zu verbinden und heilsam anzuwenden, ist das Geschenk, das uns der Pflanzengeist anbietet.

Bewusste Wahrnehmung mit allen Sinnen und erhöhte Aufmerksamkeit sind die Schlüssel, die Türen in das Pflanzenreich öffnen können.

Das Buch von Michaela Hörl birgt diesen Schlüssel in sich. Er ist von ihr fein gefertigt aus inspirierender Kreativität in Bild und Wort, aus tanzenden Impulsen für heilsame Begegnungen mit dem Geist der Pflanze.

Botschaften aus dem Pflanzenreich für den lauschenden, staunenden, neugierigen Menschengeist.

Nana Nauwald
Im Erntedankmonat 2013

Einführung

„O, große Kräfte sind's, weiß man sie recht zu pflegen, die Pflanzen, Kräuter, Stein in ihrem Innern hegen."

William Shakespeare (1564–1616)

Unsere Vorfahren und Ahnen wussten vieles über diese verborgenen Kräfte der Natur und auch wir tragen diese Weisheit in uns – wenn wir wollen, können wir sie neu entdecken und wahrnehmen.

Der erste Schritt ist, sich wieder mehr mit der Natur zu verbinden, sie zu erleben und mit ihr zu sein. Die Wesen der Natur kommunizieren ununterbrochen mit uns, geben uns Antworten und Hilfestellung, doch oft nehmen wir sie im Alltagsgeschehen, in der Hast und Eile nicht wahr.

Die Sprache der Pflanzen ist zart und leise und es mag sie der zu vernehmen, der sich auch so der Pflanzenwelt nähert.

Sie ist voller Wunder, Düfte und Farbenpracht und ich möchte mit diesem Buch und den dazugehörigen 32 Pflanzenkarten eine Verbindung knüpfen zur Pflanzenwelt, um ihre Sprache wieder besser zu verstehen.

Michaela Hörl

Michaela Hörl, 1980 geboren in Bayern, Altötting, lebt und wirkt seit 2008 in Wien und Niederösterreich.
Ihre Hingabe gilt der Kreativität, den Pflanzen und der Natur. Sie ist Kinesiologin, Kräuterpädagogin, Autorin, Künstlerin.
Das Wissen über die natürlichen und geistigen Heilweisen fließt in ihre Tätigkeit als Kinesiologin und Kräuterpädagogin mit ein.

Wie Pflanzen zu uns sprechen

In Resonanz mit der Natur

Die Kommunikation mit Pflanzen entsteht durch Resonanz. Dort, wo etwas „fehlt", gleicht Mutter Natur mit der passenden Pflanze aus. Was wir benötigen, wird uns gegeben, wenn wir mit genügend Wachsamkeit dafür offen sind.

Schauen Sie sich in Ihrem Garten um, welche Wildkräuter wachsen dort – Löwenzahn, Gänseblümchen, jede Pflanze hat ihre eigene Botschaft und Heilkraft und wächst dort, wo sie von uns oder der Natur benötigt wird.

Vielleicht ist es sogar ein lästiges „Unkraut", das Sie seit Längerem auszurotten versuchen, das aber eine Botschaft für Sie hat, Ihnen helfen will und deshalb immer wieder in Ihrer Nähe auftaucht.

Beobachten Sie, welche Pflanzen auffallend oft in Ihrem Umfeld wachsen oder Ihnen begegnen und welche Botschaft sie Ihnen vermitteln wollen.

Wie uns Pflanzenbotschaften erreichen

Selbst ohne eigenen Garten oder Grünfläche kommunizieren Pflanzen mit uns. Die Pflanzenbotschaften können uns über verschiedene Weise erreichen.

Der Pflanzengeist kann sich z. B. Medien für die Übermittlung der Botschaft aussuchen. So gibt uns etwa eine Freundin einen interessanten Zeitungsartikel über den Ackerschachtelhalm zu lesen oder wir hören „zufällig" einen Bericht über eine Pflanze im Radio, die wir für unsere Gesundheit brauchen können.

Bei einem Spaziergang verzaubert uns plötzlich die sonnige Blüte des Huflattichs wie nie zuvor oder uns fällt auf, dass sich seit Kurzem der Frauenmantel in unserem Garten angesiedelt hat.

Die Botschaften der Pflanzen erreichen uns oft auf indirektem Weg. Wenn wir uns wieder mehr öffnen für die Verbindung zur Pflanzenwelt, sie wieder bewusster wahrnehmen und auf ihre Zeichen achten, dann bekommen wir ständig Hilfe, Anregung und Antworten auf unsere Fragen.

Wir können eine Frage ins Pflanzenreich senden, in Gedanken oder laut ausgesprochen, über einen Brief oder in einem Gebet um Hilfe bitten, die Wesen der Natur werden uns helfen und wir erhalten immer Antwort, wenn wir uns dafür öffnen.

Die Arbeit mit den Karten

Eine kleine Hilfe, um direkt Antwort aus dem Pflanzenreich zu bekommen, sind die Pflanzenkarten.

Wir können in einer ausweglosen Situation um Hilfe bitten oder einfach eine Tageskarte ziehen.

Die Karten werden gemischt und verdeckt aufgefächert.

Man stellt eine Frage, z. B. **„Welche Botschaft aus dem Pflanzenreich gibt es für mich?“** und zieht eine Karte.

Es gibt nun mehrere Möglichkeiten, mit der gezogenen Karte bzw. Botschaft umzugehen, nachfolgend einige Beispiele als Anregung:

› Um sich energetisch mit der Pflanze und der Botschaft zu verbinden, kann man die Karte in einem schönen Beutel, in der Handtasche oder im Geldbeutel bei sich tragen.

› Die gezogene Karte gut sichtbar aufstellen, z. B. auf dem Hausaltar, um immer wieder an die Botschaft erinnert zu werden.

› Eine Meditation durchführen, in der man sich mit der Pflanze verbindet – sie visualisiert, mit dem inneren Auge betrachtet und die auftauchenden Bilder wahrnimmt.

- Man sucht die **Pflanze in der Natur** auf, um direkt bei ihr zu meditieren, ein Ritual abzuhalten oder ihr mit allen Sinnen zu begegnen. Ein Beispiel dazu auf S. 188.
- Eine schöne Möglichkeit, der Pflanze näherzukommen, ist es auch, sie zu **zeichnen**, entweder direkt in der Natur oder aus einem Pflanzenbuch. Dabei achtet man genau auf die Gefühle, Gedanken und Bilder, die während des Zeichnens auftauchen. Diese können z. B. im Pflanzen-Tagebuch notiert werden.
- Anwendung der Botschaft als **Affirmation oder Mantra**, das einen durch den Tag oder auch längere Zeit begleitet.
- Sich **über die Pflanze informieren**, in Büchern stöbern, nachlesen über die Anwendung und auch den volkskundlichen Hintergrund, Mythologie usw.
- Die Pflanzenkarte auf ein Chakra oder auf eine Körperstelle auflegen, sie schafft so energetischen Ausgleich. Vertraue auf Dein Gefühl wohin Du die Karte legst!
- Die **Pflanze anwenden** nach den Beschreibungen im Buch, z. B. als Teezubereitung, Räucherwerk

Die Botschaft und Wesenskraft der Pflanze kann auf Wasser übertragen werden:

- Pflanzenkarte in die linke Hand nehmen und in die rechte das Wasserglas.
- Mit dem Fokus auf die Wesenskraft der Pflanze lässt man diese Information über das Herz in die rechte Hand fließen und überträgt es so auf das Wasser.
- Deine Intiution sagt Dir, wann die Übertragung abgeschlossen ist!
- Das aufgeladene Wasser kann über den Tag verteilt getrunken werden.
- Es kann auch ein Wasserkrug auf die Karte gestellt werden um das Wasser mit der Pflanzenkraft aufzuladen.

Wichtig ist es, **dankbar** die Botschaft aus dem Pflanzenreich anzunehmen, sich mit der Schwingung der Pflanze zu verbinden, indem man sich mit ihr beschäftigt, ihr nahe ist im Geiste oder auch in der Natur, und bewusst auf die Zeichen zu achten, die einem begegnen.

32 Botschaften
aus dem
Pflanzen
reich
an dich

Ackerschachtelhalm

Equisetum arvense

Ackerschachtelhalm

Equisetum arvense

Botschaft

Klärendes Licht durchflutet mich und lässt den nächsten Schritt deutlich vor mir erscheinen!

Wenn uns etwas unklar ist, fallen Entscheidungen besonders schwer. Doch plötzlich „geht uns ein Licht auf" und fast blitzartig erkennen wir klar und deutlich, wohin unser Weg nun führt. „Ich leuchte dir kristallklar den Weg zum Licht."

Meine Wesenskräfte

„Ich gebe dir Klarheit, Ordnung und Erkenntnis auf deinem Weg."

Lass dir ein wenig von mir erzählen ...

„Ich bin eine Urpflanze und 350 Millionen Jahre zurück in der Zeit ragte ich neben Baumfarnen und Schuppenbäumen als baumhohe Pflanze in den Himmel.

Schon lange bin ich also hier auf der Erde und sammle mit meinem Blattgrün viel Sonnenenergie ein."

Meine Eigenschaften

gewebefestigend, wassertreibend, kräftigend, wundheilungsfördernd

Rituale, Rezepte, Anwendung

Erkennungsmerkmale des Ackerschachtelhalms:

Es gibt auch viele giftige Schachtelhalmarten, zu Heilzwecken wird der ungiftige Ackerschachtelhalm verwendet.

Hier eine Skizze zur Bestimmung:

Ungiftiger Ackerschachtelhalm

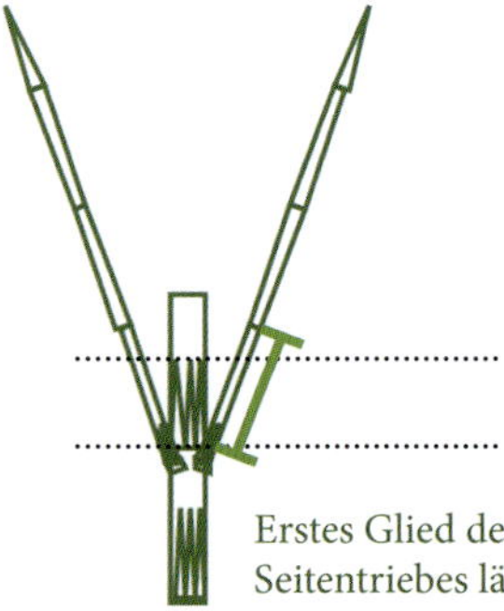

Erstes Glied des Seitentriebes länger als Zacken am Stiel

Giftiger Schachtelhalmart

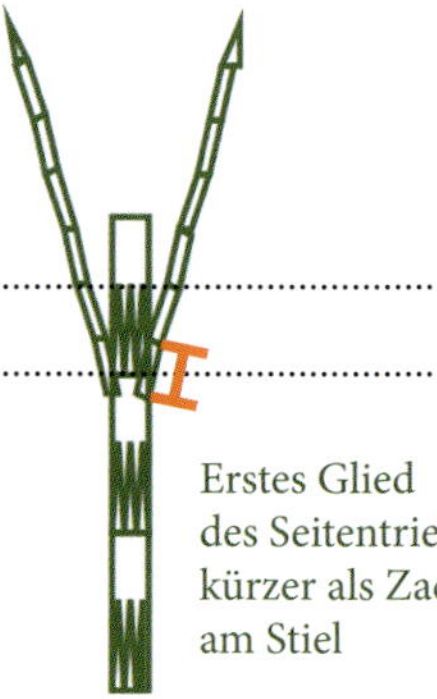

Erstes Glied des Seitentriebes kürzer als Zacken am Stiel

Ist das erste Glied des Seitentriebes kürzer, kann es sich um eine giftige Art handeln.

Auch der Standort entscheidet: Der Ackerschachtelhalm wächst eher auf trockenen Plätzen.

Für die Gesundheit

Der Ackerschachtelhalm enthält einen hohen Gehalt an Kieselsäure (Siliziumdioxid). Silizium ist ein wichtiges Spurenelement für den Menschen, es festigt das Bindegewebe, Haut, Haare, Nägel, Knochen, Knorpel und Sehnen. Er eignet sich auch zur Durchspülung bei Blasen- und Nierenleiden. Dabei sollte man auf ausreichend Flüssigkeitszufuhr achten.

Teeaufguss:

1 TL/Tasse ganzes Kraut, getrocknet oder frisch
½ Tag kalt ansetzen und dann kurz aufkochen, oder kalt ansetzen, aufkochen und ca. 15 Minuten köcheln lassen.

Ackerschachtelhalmtinktur:

- Frisches Kraut in einem Glas mit Weingeist oder Obstbrand (mindestens 40 Vol.-%) übergießen, sodass es ca. 1 cm überdeckt ist, und mit Deckel ca. 3 Wochen an einen warmen Platz stellen.
- Täglich schwenken und darauf achten, dass alle Teile gut mit Alkohol bedeckt sind.
- Abfiltern und in eine dunkle Flasche füllen.
- Bei Bindegewebsschwäche oder Blasenleiden ca. 15–20 Tropfen in einem Glas Wasser zu sich nehmen.
- 1–2 Mal am Tag einnehmen.

Beifuß

Artemisia vulgaris

Beifuß

Artemisia vulgaris

Botschaft

Der Beifuß schenkt mir Reinigung.
Ich lasse alles Negative los!

„Dich in einen schützenden Rauch hüllend und deine Seele erwärmend, helfe ich dir bei allen Übergängen und in Situationen, in denen du Kraft brauchst. Nimm dich meiner an und vertraue auf meine Hilfe, denn ich bin eine Zauberpflanze."

Meine Wesenskräfte

„Ich schütze dich vor den Mächten der Finsternis, erwärme deine Seele, helfe dir in schwierigen Situationen und bei Übergängen."

Lass dir ein wenig von mir erzählen ...

„Einer meiner vielen Namen ist ‚Mugwurz', der vom germanischen mug = wärmen/kräftigen kommt. Die Chinesen nutzen diese Wärme für ihre Moxabehandlungen.

Die Moxastäbchen aus Beifuß werden auf Akupunkturpunkte gelegt und abgebrannt. In früheren Zeiten wurde ich auch für den Wettersegen verwendet, um aufziehende Gewitter mit meinem Rauch zu schwächen."

Meine Eigenschaften

Verdauungsfördernd, wärmend, kräftigend, appetitanregend, krampflösend

Rituale, Rezepte, Anwendung

Räuchern mit Beifuß

Es werden Blätter und Blütenrispen vor dem Aufblühen geerntet und getrocknet. Der getrocknete Beifuß ist eine wunderbare Räucherpflanze.

Er kann zum Ausräuchern von Räumen verwendet werden, z. B. auch bei starkem Elektrosmog durch Computer, aber auch nach einem Streit bereinigt er das aufgezogene Gewitter. Er ist für Segens- und Schutzräucherungen geeignet und bei seelischem Schmerz oder Übergangsritualen ein großer Helfer.

Frauen- und Wohlfühlkraut

Der Beifußtee ist ein wirksames Mittel, um die Monatsblutung anzuregen. Im Kräuterkissen wärmt und entspannt er den Unterleib, was besonders während der Menstruation sehr wohltuend sein kann. Das Kräuterkissen kann vielseitig verwendet werden, so sorgt es z. B. unter oder neben dem Kopfkissen für einen tiefen und erholsamen Schlaf.

Für die Gesundheit

Da der Beifuß verdauungsfördernd ist, empfiehlt es sich, fette Speisen mit ihm zu würzen, so wird er auch seit jeher als Würzkraut für Fleisch (z. B. Gänse- oder Schweinebraten) verwendet.

Bei Unterleibsverkühlungen ist ein Sitz- oder Fußbad aus Beifußabsud wirksam.

Teeaufguss

1 TL Kraut mit ¼ l Wasser überbrühen und
ca. 5 Minuten ziehen lassen

Heuschnupfen-Desensibilisierung

Siegrid Hirsch empfiehlt in ihrem Buch „Die Kräuter in meinem Garten" folgendes:

Die Artemisia-Arten gelten heute als Auslöser für Heuschnupfen. Desensibilisierung mit dem Tee ist einen Versuch wert. Die Anwendung sollte aber nicht länger als 2 Wochen dauern. Man trinkt täglich 1 Tasse Beifußtee.

Beinwell

Symphytum officinale

Beinwell

Symphytum officinale

Botschaft

Liebe schafft Verbindung! Gestärkt und voller Kraft gehe ich aus der Situation heraus!

„Ich bin nahezu ein Meister unter den wundheilenden Pflanzen und meine Kraft reicht sogar aus, mich unterstützend zur Heilung von Knochenbrüchen anzuwenden. Meine Wesenskraft steht dir bei und hilft dir zu verbinden, was gebrochen und entzwei ist."

Meine Wesenskräfte

„Ich stärke und unterstütze dich, auf eigenen Beinen zu stehen. Ich füge zusammen, was zerbrochen ist – helfe, Wunden zu heilen."

Lass dir ein wenig von mir erzählen ...

„Als „Beinwurz" bekannt durfte die sogenannte Schwarzwurzelsalbe aus meinen Wurzeln früher wie heute in keinem Bauernhaus fehlen."

Die Salbe ist aus frischen, gut gereinigten Wurzeln herzustellen, die in reinem Schweinefett ausgezogen werden. Der Ausdruck „Schwarzwurz" kommt von den schwarzen Wurzeln und darf nicht mit der Spanischen Schwarzwurzel verwechselt werden, die als Gemüse gegessen wird.

Meine Eigenschaften

Blutstillend, gewebebildend, wundheilend, antirheumatisch, hustenlindernd, harnsäureauflösend

Rituale, Rezepte, Anwendung

Ein Analogzauber … aus früheren Zeiten:

Bei Brüchen gräbt man eine Beinwellwurzel, bricht sie in zwei Teile, bandagiert sie und stellt sie in die Ecke. Dies soll die Genesung des Kranken fördern. Der Analogzauber ist sicher nicht nur bei Knochenbrüchen anzuwenden. Einen Versuch ist es wert, es auszuprobieren, um zu verweben, was entzwei ist.

Beinwell-Schmalzsalbe:

- Schweineschmalz erhitzen, bis es flüssig ist. dann die frische, gesäuberte und zerkleinerte Wurzel hinzugeben.

- Bei niedriger Temperatur ca. 1 Stunde ausziehen (keinen Metalltopf verwenden).
- Durch ein Leinentuch in einen Cremetopf (kein Metall) abseihen, gut auspressen.

Die Salbe ist ca. 1 Jahr haltbar. (Kühl aufbewahren!)

Verwendung: als Umschlag, bei Wunden und Brüchen für Mensch und Tier.

Der Auszug kann auch mit Olivenöl und Lanolin oder Sonnenblumenöl gemacht werden.

Für die Gesundheit

Sehr bedeutend ist, dass der Beinwell den höchsten Allantoingehalt unter den einheimischen Pflanzen hat. Allantoin wird für die Zellbildung benötigt und bringt sogar schwer heilende Wunden zur Abheilung. In der Wurzel ist Cholin enthalten, das die Hautgefäße erweitert und dadurch die Durchblutung steigert. Gleichzeitig werden die roten Blutkörperchen vermehrt.

Teeaufguss

2 TL Wurzel auf ca. 150 ml Wasser – kalt ansetzen, zum Sieden bringen und abgießen oder über Nacht ansetzen, am nächsten Tag abseihen und erwärmen.

Beinwell ist wegen den enthaltenen Pyrrolizidinalkaloiden aus dem Handel verschwunden. Diese können bei Einnahme großer Mengen leberschädigend sein. Da sich die Menge aber auf ca. 100 g Pyrrolizidinalkaloide (als Einzelsubstanz)/Tag beschränkt, läuft man bei gewöhnlicher Anwendung keine Gefahr. Bei Babys und in der Schwangerschaft sollte er allerdings nicht innerlich angewendet werden. Beinwell enthält auch Silizium, das Lichtkräfte vermittelt und das Gewebe stärkt.

Berufkraut

Erigeron annuus

Berufkraut

Erigeron annuus

Botschaft

Eingehüllt in einen schützenden Lichtmantel gehe ich durch den Tag!

„Mit meinen vielen kleinen leuchtend weißen Sonnenblüten erinnere ich an ein reines Gemüt.

Visualisiere, wie das Berufkraut ein weißes, schützendes Licht auf dich wirft und hülle dich darin ein."

Meine Wesenskräfte

„Ich helfe dir, deine Reinheit zu bewahren und schütze dich vor übler Nachrede und negativen Anfeindungen."

Lass dir ein wenig von mir erzählen ...

„Die Bezeichnung „Berufkraut" oder „Beschreikraut" bezieht sich auf Schutz vor dem „Beschreien" oder bösem Wortzauber. Heute nennt ihr es Mobbing, wenn durch negative Worte Unfrieden gestiftet wird. Aber auch Neid, Hass, Missgunst können einen Schatten auf euch werfen. Hierfür kannten eure Vorfahren einige

Kräuter zum Schutz, wie z. B. auch Beifuß und Johanniskraut."

Meine Eigenschaften

Blutstillend, zusammenziehend, entzündungshemmend

Rituale, Rezepte, Anwendung

Schutzkräutermagie

Schutzkräuter können frisch gepflückt in die Haare gesteckt oder bei sich getragen werden. Getrocknet werden sie verräuchert. Beim Räuchern kann man seine Bitte um Schutz klar und deutlich an den Pflanzengeist aussprechen. Wir wissen ja mittlerweile, wie wirkungsvoll Worte sein können!

Homöopathie

Auch in der Homöopathie wird das Kanadische Berufkraut (*Erigeron canadensis*) z. B. bei Morgenmüdigkeit, verzagter Stimmung und Mangel an Konzentration verabreicht. Alle Berufkräuter, das einjährige und auch das Kanadische Berufkraut, haben ähnliche Inhaltsstoffe.

Für die Gesundheit

Der Tee kann gegen Durchfall angewendet werden. Ein Ölauszug aus dem blühenden Kraut kann bei Hämorrhoiden genutzt werden.

Teeaufguss

1 TL getrocknetes oder 2–3 TL frisches Kraut überbrühen und ca. 10 Minuten ziehen lassen.

Das Berufkraut wird in der Literatur nicht oft erwähnt und gerade deshalb ist es reizvoll, sich näher mit der Pflanze zu beschäftigen und sie kennenzulernen.

Ein Wahrnehmen mit allen Sinnen, sich-Einlassen auf die Begegnung mit dem Pflanzenwesen ist spannend und heilsam zugleich.

Ich finde den Anblick der vielen sonnigen Blüten beruhigend und tröstend und stecke mir gerne ein kleines Sträußchen in die Haare. Voller Leichtigkeit begleiten mich so die strahlenden Blümchen und ich fühle mich beschützt.

Widme der Pflanze Aufmerksamkeit und sie wird dir tausendfach entgegenkommen – sei beschützt!

Breitwegerich

Plantago major

Breitwegerich

Plantago major

Botschaft

Ich vertraue auf meine innere Führung!

„Ich wachse mit Vorliebe an Wegrändern, bin Wegbegleiter – und werde ich auch getreten – bleibe ich standhaft.

Lasse dich von deinem Bauchgefühl führen und vertraue darauf, dass du den richtigen Weg gehst, und auch wenn du ‚getreten' wirst, gehe immer weiter ..."

Meine Wesenskräfte

„In Zeiten der Schwäche möchte ich dich bestärken, dass du deinen Weg immer weitergehst. Deine innere Stimme wird dich führen – vertraue darauf."

Lass dir ein wenig von mir erzählen ...

„In früheren Zeiten galt ich als eine der heiligen Pflanzen. Ich war Teil der „Grünen Neune", der Kultspeise (Wildkräutersuppe), die im Frühjahr Kraft für das kommende Jahr spenden sollte.

Auch Paracelsus und Pfarrer Kneipp kannten mich als hervorragenden Blutstiller und Wundheiler."

Meine Eigenschaften

Blutstillend, blutreinigend, wundheilend, zusammenziehend, antiseptisch, entzündungshemmend, gewebefestigend

Rituale, Rezepte, Anwendung

Gesunde Salatbeigabe

Junge Wegerichblätter können im Frühling in Salate gemischt werden, sie enthalten Vitamin C, Proteine, Vitamin K, Mineralsalze, Saponine, Flavonoide, Gerbstoffe und sind somit wunderbare Fitmacher, um gesund zu bleiben.

Frühjahrskur

Der Wegerich ist bestens geeignet für eine Frühjahrskur, nebst weiteren Wildkräutern wie z. B. Gänseblümchen, Brennnessel, Vogelmiere, Löwenzahn passt er hervorragend in Wildkräutersuppen, -salate und Quarkaufstriche.

Breitwegerich ist entschlackend und gibt fürs Frühjahr die nötige Power. Auch die Samen können z. B. bei einem Spaziergang immer wieder genascht werden, sie enthalten hochwertige Fette und Schleimstoffe.

Für die Gesundheit

Bei Insektenstichen zerdrückt man ein frisches Blatt des Breitwegerichs und gibt den Saft auf den Stich. Das Blatt kann auch kurz gekaut und dann auf den Stich gelegt werden – der Schmerz lässt so recht schnell nach. Es können alle Wegericharten dafür verwendet werden.

Die Wegerichblätter haben auch eine blutstillende Wirkung.

Wegerichtee hilft bei Erkrankungen der Atemwege und Husten und stärkt die Raucherlunge.

Teeaufguss

1 TL getrockneten oder 2–3 TL frischen Wegerich/Tasse (es können alle Arten verwendet werden) überbrühen und ca. 5 Minuten ziehen lassen.

Beim Trocknen ist zu beachten

Die Wegerichblätter am besten an einem luftigen Ort schnell trocknen, sie verfärben sich sonst und sind dann unbrauchbar. Schwarz oder braun verfärbte Blätter haben keine Heilwirkung mehr.

Brennnessel, Große

Urtica dioica

Brennnessel, Große

Urtica dioica

Botschaft

Mit Klarheit und Kraft ist alles möglich!

„Durch meinen hohen Eisengehalt helfe ich dir, dich fest im Körper zu verankern, und hole dich ins Hier und Jetzt."

Meine Wesenskräfte

„Ich helfe dir, Altes und verhärtete Strukturen loszulassen und mutig und voller Willensstärke schöpferisch tätig zu sein."

Lass dir ein wenig von mir erzählen ...

„Seit jeher werden mir starke Heilkräfte zugeschrieben, Otto Brunfels z. B. bewunderte in mir ‚die Macht Gottes', da mir dieser die Fähigkeit, mich selbst zu wehren, verliehen habe.

Als Beschützerin von Haus und Hof wachse ich mit Vorliebe in der Nähe der Menschen. Ich habe die Kraft, negative Strahlungen aller Art umzuwandeln, und so fange ich z. B. auch die Pfeile der schlechten Gedanken, des Neids und der Missgunst ein."

Meine Eigenschaften

Stoffwechselanregend, wassertreibend, stärkend, blutreinigend, cholesterinsenkend

Rituale, Rezepte, Anwendung

Dämonenabwehrende Pflanze

Der Wiedehopf, ein Zaubervogel, den der mittelalterliche Glaube in die Nähe von Hexen und Dämonen stellte, soll sein Nest zum Schutz mit Brennnesseln ausstopfen *(Storl)*.

Die Pflanze zeigt eine stark dämonenabwehrende Kraft. Man hängte sie auch büschelweise als Schutz an Haus und Hof.

Durch den hohen Eisengehalt wirkt die Brennnessel tatsächlich auch auf den Körper stärkend und regt im Frühjahr den Stoffwechsel und die Lebensgeister an.

Die Brennnessel kann in der Natur das biologische Gleichgewicht wiederherstellen und wächst auch auffällig oft an Müll- und Schuttplätzen.

Für die Gesundheit

Die Brennnessel ist entschlackend und befreit den Körper von Giftstoffen in Muskeln, Gelenken und im Blut. Sie wirkt durch den hohen Eisengehalt stärkend und vitalisiert den Körper. Eine Pflanze, die also bestens für eine Frühjahrskur oder zur Stärkung in der Rekonvaleszenz geeignet ist.

Bei Rheuma und Gicht kann sie ebenfalls gut zur Anwendung kommen.

Teeaufguss

1 TL getrocknetes oder 2–3 TL frisches Kraut/Tasse mit kochendem Wasser übergießen und ca. 5 Minuten ziehen lassen.

Brennnesselkur

Man trinkt 3 Wochen lang täglich 2–3 Tassen Tee/Tag. Wegen der entwässernden Eigenschaften ist auf genügend Flüssigkeitszufuhr zu achten.

Stärkende Brennnesseljauche für die Pflanzen

- Einen Eimer mit frischen Brennnesseln füllen und diese mit Wasser übergießen.
- 2–3 Wochen gären lassen und dann 1:10 mit Wasser verdünnt zum Gießen verwenden.

Dies ist ein guter Pflanzendünger, der die Pflanzen stärkt und Schädlinge bekämpft.

Brombeere

Rubus fruticosus

Brombeere

Rubus fruticosus

Botschaft

Ich lasse meine Sorgen los und wende mich dem Licht zu!

„Stell dir vor, du kriechst durch meine langen, überhängenden Zweige und all deine Sorgen, alles Negative bleibt an meinen Dornen hängen. Dann nasche ein paar Beeren und gehe voller Leichtigkeit munter und vergnügt weiter.“

Meine Wesenskräfte

„Ich nehme dir die Schwere, schütze und bestärke dich – auf dass voller Leichtigkeit Neues entstehen kann.“

Lass dir ein wenig von mir erzählen ...

„Bei unseren Ahnen hieß es, dass böse Geister und Hexen jene Höfe meiden, wo ich wachse.

Das Hindurchschlüpfen durch meine dornenbesetzten Zweige wandte man in Verbindung von Zaubersprüchen auch bei Hautkrankheiten an.“

Meine Eigenschaften

Entzündungshemmend, reinigend, blutdrucksenkend, zusammenziehend, blutreinigend, stopfend, blutstillend

Rituale, Rezepte, Anwendung

Fruchtig dunkelroter Brombeeressig

- Eine weithalsige Flasche zur Hälfte mit frisch gepflückten Brombeeren füllen und mit Weißweinessig aufgießen.
- Die Flasche ca. 3–4 Wochen im Warmen stehen lassen, zwischendurch immer wieder kurz den Deckel öffnen.
- Dann den Essig abfiltern und in saubere Flaschen füllen.

Ein Pionier mit unterschiedlichen Erscheinungsformen

Es gibt bereits über 300 Brombeerarten und die Erscheinungsform des Rosengewächses wird von Boden, Klima und Wetter beeinflusst. Blüten und Blätter zeigen demnach oft unterschiedliche Farben und Formen.

Der Brombeerstrauch ist ein Pionier unter den

Waldpflanzen. Er sucht sich auch Standorte, an denen vorher noch keine Bäume und Sträucher angesiedelt waren und bereitet mit seinen Wurzeln einen lockeren Boden für neues Wachstum.

Für die Gesundheit

Die Brombeere kann auch am Abend gegessen werden, denn sie besitzt beruhigende Eigenschaften und belastet die Verdauung nicht.

Der Brombeerblättertee hilft bei Durchfall und Entzündungen der Mundschleimhaut.

Teeaufguss

1 TL getrocknete oder 2–3 TL frische Brombeerblätter mit kochendem Wasser überbrühen und ca. 10 Minuten ziehen lassen.

Ich sammle vorzugsweise die hellgrünen, jungen Brombeerblätter, sie können auch leichter gepflückt werden, da die Unterseite noch nicht so stachelig ist.

Brombeerblätter eignen sich gut als Basis für Hausteemischungen und Kräutertees. Man mischt sie mit den gewünschten Tee- oder Heilkräutern.

Die Blätter können auch fermentiert werden und dienen so als Schwarzteeersatz.

Eisenkraut

Verbena officinalis

Eisenkraut

Verbena officinalis

Botschaft

Ich handle aus Liebe und werde vom Universum unterstützt!

„Mit einem Schwert aus dem strahlendem Licht der Gerechtigkeit sorge ich für das Gute.“

Meine Wesenskräfte

„Ich helfe dir, deine Energie in die richtige Richtung zu lenken, schenke dir Überzeugungskraft und sorge für göttliche Gerechtigkeit.“

Lass dir ein wenig von mir erzählen ...

Plinius schrieb über mich: „Das ist die Pflanze, mit der unsere Gesandten zum Feinde gehn, mit der der Tisch des Jupiter abgestaubt wird, mit der unsere Häuser gereinigt und vor Unglück geschützt werden.“

Diese Kraft lässt sich auch heute noch zunutze machen (siehe Seite 54 und 55).

Meine Eigenschaften

Kräftigend, wundheilend, leberreinigend, blutverbessernd, steinlösend

Rituale, Rezepte, Anwendung

Eisenkraut vermittelt Überzeugungskraft und sorgt für Gerechtigkeit

Verbinden wir uns vor Prüfungen, Verhandlungen oder wichtigen Gesprächen mit dem Pflanzengeist des Eisenkrautes, stärkt der unsere Überzeugungskraft und unterstützt die Gerechtigkeit. Es können z. B. einige Tropfen der Urtinktur in einem Glas Wasser eingenommen werden. Ebenfalls gut geeignet ist eine Räucherung mit dem Eisenkraut.

Räuchern mit Eisenkraut

Geräuchert wird das getrocknete, ganze blühende Kraut. Die Räucherung fördert diplomatische Fähigkeiten und unterstützt das Wirken göttlicher Gerechtigkeit.

Eisenkraut reinigt Räume, in denen gestritten oder Geschäfte abgewickelt werden (z. B. im Gerichtssaal). Es macht die Aura sympathisch, unterstützt unsere Schutz- und Abwehrkräfte und kann auch gut vor Prüfungen geräuchert werden. Vor dem Einschlafen geräuchert, unterstützt und fördert es die Traumerinnerung.

Für die Gesundheit

Die Eisenkrautanwendung vor einer Meditation, z. B. als Räucherung, in Form von Tee oder Urtinktur, erweitert das Bewusstsein.

Eisenkraut wirkt zudem anregend, inspirierend und motivierend.

Teeaufguss

1 TL getrocknetes oder 2–3 TL frisches, ganzes blühendes Kraut mit kochendem Wasser überbrühen und ca. 10 Minuten ziehen lassen.

Der Tee wirkt leberreinigend und ist hilfreich bei Migräne, Gicht, Nervenschmerzen, Husten, Schlaflosigkeit und Krämpfen.

Besprengt man Räume mit Wasser, in dem vorher Eisenkraut gelegen ist, oder mit ein paar Tropfen der Urtinktur, gemischt mit Wasser, sind ankommende Gäste fröhlich und guter Dinge.

Hierfür kann die Pflanze auch geräuchert werden.

Erdbeere, Wald-

Fragaria vesca

Erdbeere, Wald-

Fragaria vesca

Botschaft

Ich achte heute besonders auf Dankbarkeit. Alles geschieht zu meinem Besten!

„Sei von Herzen dankbar für die Früchte und Erfahrungen die du erntest – sie gehören zu deinem Weg."

Meine Wesenskräfte

„Ich erinnere dich daran, auch kleine Gaben dankbar anzunehmen und in Achtsamkeit damit umzugehen."

Lass dir ein wenig von mir erzählen ...

„Bei unseren Vorfahren war ich ein wichtiges Nahrungsmittel. In den Schalensteinen opferte man stets auch ein paar Beeren den Waldgeistern. Ich zähle zu den Liebespflanzen, meine abwärtsneigende Frucht soll an den Blutstropfen Christi erinnern, die fünf Blütenblätter symbolisieren seine fünf Wunden und die dreigeteilten Blätter erinnern an die Dreifaltigkeit."

Meine Eigenschaften

Blutreinigend, stopfend, entzündungshemmend

Rituale, Rezepte, Anwendung

Ein kleines Dankeschön für die Wichtel und Waldwesen

Zum Dank an Mutter Natur und ihre unsichtbaren Bewohner können wir beim Naschen heruntergefallene Beeren liegen lassen.

Manchmal spüren wir an Plätzen sogar eine ganz besondere Harmonie, haben plötzlich ein Lächeln auf den Lippen und sind wie verzaubert von dem Ort. Dies kann auf die Präsenz der unsichtbaren Naturwesen hindeuten. Wenn wir offen für die Begegnungen mit dem unsichtbaren Reich sind, können wir sogar richtige Zwergenpaläste in Baumstümpfen entdecken. Diese wundersamen Plätze sind gute Orte, um eine kleine Beerenmahlzeit als Dankesopfer zu hinterlassen. Vertrauen Sie auf Ihr Gefühl!

Erdbeerblätter eignen sich wie die der Brombeere gut für Hausteemischungen und Kindertees.

Für die Gesundheit

Die Beeren sind ein gutes Stärkungsmittel bei Rekonvaleszenz. Sie wirken kräftigend auf den ganzen Organismus. Die kultivierte Garten-Erdbeere besitzt nicht diese heilenden Eigenschaften. Selbst die Wald-Erdbeere, in den Garten gepflanzt, weist nicht mehr den Heilaspekt auf *(Wilford).*

Teeaufguss

1 TL getrocknete oder 2–3 TL frische junge Erdbeerblätter mit kochendem Wasser überbrühen und ca. 10 Minuten ziehen lassen.

Köstliche Wald-Wichtelbowle

- Ein kleines Sträußchen Waldmeisterkraut (ca. 5–6 Stängel) in ½ Liter Weißwein oder Quellwasser hängen und ca. 1 Stunde* ziehen lassen (Schnittstelle nach oben, nicht in die Flüssigkeit hängen lassen).
- Das Kraut vorher einige Stunden welken lassen oder getrocknet verwenden, da es erst dann sein intensives Aroma (Cumarin) freisetzt.
- Sträußchen entfernen und die Bowle kalt stellen.
- Vor dem Servieren 1 Handvoll frische Wald-Erdbeerblätter und -beeren dazugeben und die Bowle 1:1 mit alkoholfreiem Apfelsekt, Cidre oder Apfelsaft im Glas aufspritzen.

* Bei zu langer Ziehzeit kann das Cumarin Kopfschmerzen verursachen!

Frauenmantel

Alchemilla vulgaris

Frauenmantel

Alchemilla vulgaris

Botschaft

Ich bin von einem liebevollen Umfeld umgeben!

„Ich lege einen schützenden Mantel um dein zartes Wesen."

Meine Wesenskräfte

„Schützend und umhüllend, stärke ich die weiblichen Aspekte und das Frau-sein. Ich verkörpere Kreativität, Schönheit, Geborgenheit und Fruchtbarkeit."

Lass dir ein wenig von mir erzählen ...

„Am Morgen zaubere ich einen schillernden Tropfen kostbaren Wassers aus meiner Mitte, in dem sich der Legende nach Elfen und Feen baden.

Bei den Alchemisten war dieser Tropfen, den ich aus meinem Inneren hervorbringe (Gutationswasser) sehr begehrt. Sorgfältig wurden die Tropfen für Elixiere gesammelt."

Für schöne, elfengleiche Haut verwendet man das Wässerchen als Gesichtstonikum.

Meine Eigenschaften

Entzündungshemmend, zusammenziehend, leicht antibiotisch, nervenstärkend, unterstützend bei vielen Frauenkrankheiten

Rituale, Rezepte, Anwendung

Tiermedizin

Pferde lieben den Frauenmantel und er ist auch für Haustiere sehr gesundheitsfördernd. Besonders für weibliche Tiere empfiehlt sich eine Frauenmantelanwendung nach dem Werfen der Jungen. Es wird empfohlen, mehrmals täglich dem Tier den abgekühlten Teeabsud einzuflößen.

Frauenmantel-Ritual

Wenn man sich etwas wünscht, kann man den Frauenmantel in der Natur aufsuchen und sich mit ihm verbinden, z. B. indem man etwas von den kostbaren Wassertropfen der Pflanze auf die Haut streicht. Dann formuliert man klar seinen Wunsch und bittet den Pflanzengeist von ganzem Herzen um Hilfe bei der Erfüllung. In Gedanken visualisiert man das Gewünschte und öffnet sich wie das Blatt des Frauenmantels, um zu empfangen. Mit der Gewissheit, dass der

Wunsch nun abgeschickt ist, bedankt man sich bei der Pflanze und kehrt zurück in den Alltag.

Für die Gesundheit

Für Frauen empfiehlt die Kräuterkunde eine jährliche Kur von 4 Wochen mit Frauenmantel in Form von Tee (ca. 2–3 Tassen/Tag) oder der Urtinktur (ca. 2–3 Tropfen/3 Mal täglich).

Teeaufguss

1 TL blühendes, getrocknetes oder 2–3 TL frisches Kraut mit kochendem Wasser überbrühen und ca. 10 Minuten ziehen lassen.

Frauenmantel in der gesunden Wildkräuterküche

Junge Frauenmantelblätter können als Gemüse gegessen oder dem Salat beigemischt werden.

Gänseblümchen

Bellis perennis

Gänseblümchen

Bellis perennis

Botschaft

Ich nehme mich so an, wie ich bin!

„Voller Sanftmut und Reinheit tröste und heile ich dein inneres Kind, besonders wenn es verletzt wurde."

Meine Wesenskräfte

„Ich bewahre die Reinheit und kindliche Unschuld in dir. Besonders bei Verletzungen, Gewaltanwendung, sexuellen Übergriffen und Missbrauch helfe ich dir, die schwere Verletzung und dein inneres Kind zu heilen."

Lass dir ein wenig von mir erzählen …

„Bei den Germanen war ich der Göttin des Frühlings, der Freya, gewidmet, als Zeichen für Fruchtbarkeit und Neubeginn."

Meine Eigenschaften

Wundheilend, schleimlösend, blutreinigend, wassertreibend

Rituale, Rezepte, Anwendung

Gänseblümchen zaubern Sonne ins Gemüt

Das Gänseblümchen ist trotz seiner Zartheit eines der Blümchen, die uns manchmal sogar an milden Wintertagen noch auf den Wiesen entgegenlachen. Mir zaubern die kleinen, sonnigen Blüten jedes Mal ein Lächeln ins Gesicht, egal zu welcher Jahreszeit ich sie entdecke. Es ist, als wäre es ein ganz eigener Gruß – ich muss einfach zurücklächeln.

Besonders im Frühling oder wenn man traurig ist und Trost sucht, kann man ein paar Blüten naschen und sich vorstellen, wie sie das Innere erhellen und Sonne ins Gemüt bringen.

Bereits ein alter Brauch besagt, dass die ersten drei Gänseblümchen im Frühjahr – unberührt, nur mit den Zähnen abgebissen – eine besondere Heilkraft besitzen.

Für die Gesundheit

Die Gänseblümchentinktur oder ein Ölauszug kann bei Verletzungen, z. B. auch bei Quetschungen oder Verrenkungen Linderung bringen.

Man reibt die betroffenen Stellen damit ein. Zusätzlich können ein paar Tropfen der Tinktur in einem Glas Wasser innerlich eingenommen werden.

Teeaufguss

1 TL getrocknete oder 2–3 TL frische Blütenköpfchen/Tasse mit kochendem Wasser überbrühen und ca. 10 Minuten ziehen lassen.

Gänseblümchentee hilft z. B. bei Verstopfung, Atemwegserkrankungen, Nieren- und Blasenbeschwerden.

Gänseblümchen-Urtinktur vermittelt besonders stark das heilende Wesen der Pflanze und ist bei seelischen Verletzungen sehr zu empfehlen.

Gänseblümchen-Öl oder -Creme streichelt zart und sanft unsere Haut.

- Für ein Gänseblümchenöl sammelt man die offenen Blütenköpfchen, übergießt sie mit Öl (z. B. Oliven- oder Mandelöl) und lässt sie ca. 7–14 Tage in der Sonne ausziehen.
- Nach dem Abfiltern füllt man das Öl in eine dunkle Flasche.
- Es kann pur, als Badezusatz oder als Basis für eine Pflegecreme verwendet werden.

Glockenblume

Campanula patula / C. rapunculus

Glockenblume

Campanula patula/C. rapunculus

Botschaft

Ich nehme mit dem Herzen wahr!

„Öffne dein Herz und deine Wahrnehmung für das, was hinter dem Sichtbaren, hinter dem Greifbaren steckt.

Siehst du die Elfen, die um mich tanzen? Pflücke mich nicht, denn mein Geschenk an dich ist es, deine Seele zart zu berühren und zum Träumen einzuladen."

Meine Wesenskräfte

„Ich lenke deinen Blick hinter das Greifbare, dein Werkzeug sind Stille, ein geöffnetes Herz und Fantasie."

Lass dir ein wenig von mir erzählen ...

„Wer mich bricht, dem widerfährt kein Glück, das war bereits ein alter Glaube unserer Vorfahren. Finden doch Elfen und Pflanzengeister unter meinen Blütenglocken schützenden Unterschlupf. Das Märchen Rapunzel bezieht sich auf mich."

Meine Eigenschaften

Antiseptisch, wundheilend

Rituale, Rezepte, Anwendung

Eine Reise ins Rapunzelreich ...

- **Dein Gepäck:** Zeit, evtl. Decke, Stifte und Papier, (Quell-)Wasser zum Trinken, evtl. eine kleine Stärkung.
- **Der Ausgangspunkt:** Eine Glockenblume an einem schönen (ungestörten) Platz.
- **Die Vorbereitungen:** Schön ist es, wenn man der zarten Blume mit Leichtigkeit begegnet, d. h. vorher nicht zu sehr den Bauch vollschlagen, vielleicht einen „magischen" Zeitpunkt wählen (z. B. Sonnenaufgang, -untergang, Mitternacht, Vollmondnacht), kein Handy, Wohlfühlkleidung, evtl. vorher eine Beifuß-Räucherung.
- **Die Reise:** Man setzt sich bequem neben die Glockenblume, legt Stifte und Papier bereit, das Wasser als Informationsträger kann immer wieder zwischendurch getrunken werden, die Stärkung ist für nachher. Zuerst begrüßt

man (in Gedanken oder auch laut) die Glockenblume und stellt sich vor. Nun kann die Reise beginnen – vielleicht erzählt sie eine Geschichte oder sie will gemalt werden. Auf Impulse, Gefühle, Gedanken oder Bilder achten, sie aufschreiben oder zeichnen.

- **Zum Schluss** bedankt man sich für die Begegnung.

Für die Gesundheit

Für Heilzwecke verwendet man die Rapunzel, diese Glockenblumenart erkennt man an den nach oben gerichteten Blütenkelchen. Der Tee von den Wurzeln oder dem Kraut kann zum Gurgeln bei Angina verwendet werden.

Teeaufguss

1 TL getrocknete oder 2 TL frische Wurzeln mit kaltem Wasser ansetzen und ca. 15 Minuten köcheln. 2–3 TL frisches Kraut mit kochendem Wasser übergießen und ca. 5–10 Minuten ziehen lassen.

Hagebutte

Rosa canina

Hagebutte

Rosa canina

Botschaft

Ich liebe mich!

„Als ein Symbol der Liebe beflügle ich dich als blühende Rose mit meinem Duft und Anblick und berühre direkt dein Herz. Öffne dich, um Liebe zu geben und Liebe zu empfangen.“

Meine Wesenskräfte

„Ich berühre dein Herz, erhelle deine Stimmung, wenn du traurig bist und beflügle dich. Mein Duft ist aphrodisierend.“

Lass dir ein wenig von mir erzählen …

„Als Symbol der Mutter Maria war ich im Mittelalter bekannt und der Name „Apothekenrose“ enthüllt, dass ich eine geschätzte Heilpflanze war. Damals wurde ich auch von den Apothekern angebaut und man pflanzte mich in Bauern- und Klostergärten. Auch als Grabbeigabe befand ich mich neben weiteren Kräutern in 60.000 Jahre alten Gräbern im Irak.“

Meine Eigenschaften

Harntreibend, hustenreizstillend, vitaminreich

Rituale, Rezepte, Anwendung

Kernlesstee

- Die Hagebuttenfrüchte mit einem Messer aufschneiden und die haarigen Kerne entfernen.
- Die Kerne auf einem Blech ausbreiten und bei sehr niedriger Hitze im Ofen trocknen (ca. 50° C), das Blech immer wieder aus dem Ofen nehmen, schütteln und die Haare wegblasen.

Anwendung:
2 TL Kerne mit 1 Tasse Wasser 10 Minuten aufkochen lassen und nach Belieben mit Honig süßen. Der Tee schmeckt leicht nach Vanille und ist ein gutes Mittel bei Nieren- und Blasenproblemen!

Rote Farbtupfer ...

leuchten an der mit Raureif geschmückten Hundsrose. Die weichen Früchte kann man ab den frostigen Herbsttagen vom Strauch pflücken und naschen – am besten das Mus leicht mit zwei Fingern rausdrücken (die Kerne sind wegen der Haare unangenehm im Mund und nicht zum Verzehr geeignet).

Für die Gesundheit

Der Hagebuttentee aus Früchten oder Kernen bewährt sich besonders bei Blasen- und Nierenkrankheiten.

Das Hagebuttenöl aus den gepressten Früchten hat einen hohen Gehalt an ungesättigten Fettsäuren und regt die Regenerationskräfte der Haut an. Es lässt sich gut als Wundheilöl verwenden.

Teeaufguss

1 TL Hagebutten/Tasse mit kaltem Wasser ansetzen, aufkochen und ca. 10 Minuten ziehen lassen oder die Früchte mit heißem Wasser überbrühen und mindestens 15 Minuten ziehen lassen.

Haselnuss

Corylus avellana

Haselnuss

Corylus avellana

Botschaft

Ich vertraue auf meine innere Führung!

„Ich führe dich zur Quelle der Weisheit, zu deinem tiefen inneren Wissen. Lasse dich von deiner Intuition führen und leiten."

Meine Wesenskräfte

„Ich verbinde mit den Kräften der Erde, mit der nicht stofflichen Dimension und helfe dir, mit tiefem Wissen und Weisheit den richtigen Weg zu finden."

Lass dir ein wenig von mir erzählen ...

„Die Wünschelrute aus meinen dünnen Zweigen ist ein uraltes Hilfsmittel, das von Rutengängern und Radiästheten verwendet wird. Man kann mit ihr z. B. Energieströme, Wasseradern, Erze, Silber und Gold aufspüren. Ich biete Schutz vor unheilvollen Mächten und habe einen tiefe Verbindung zu den Ahnen und Erdseelen. Die Kelten pflanzten mich als Schutzwall vor chaotischen Kräften um ihr Anwesen. Als Wanderstock weise ich den richtigen Weg.“

Meine Eigenschaften

Antibiotisch, blutstillend, wundheilungsfördernd, entzündungshemmend

Rituale, Rezepte, Anwendung

Wünschen …

Beim Wünschen ist es wichtig, den Wunsch klar und deutlich zu formulieren.

Aufladen einer Wunschnuss:

Ritual:
Man schreibt seinen Wunsch kurz und klar auf einen Zettel, nimmt diesen in die linke Hand und eine Haselnuss in die rechte. Dann konzentriert man sich auf den Wunsch, visualisiert ihn, als wäre er

schon Wirklichkeit, und stellt sich vor, wie er auf die Haselnuss übergeht (so lange, bis man das Gefühl hat, die Übertragung ist vollzogen). Die Wunschnuss ist nun aufgeladen und wird an einen Platz gelegt, wo man sie oft sieht, oder bei sich getragen.

Für die Gesundheit

Das Haselnussöl ist sehr gut zur Pflege von trockener Haut geeignet.

Die Blütenessenz „Hazel“ hilft uns, der Reise ins Unbekannte zu vertrauen, auch wenn wir nicht wissen, wohin sie führt. Man kann sie selbst aus Haselkätzchen herstellen. Man verwendet für den Auszug Quellwasser oder Weingeist (siehe auch Herstellung von Blütenessenzen S. 105).

Teeaufguss

1 TL getrocknete oder 2–3 TL frische Haselkätzchen/Tasse mit kochendem Wasser übergießen und ca. 10 Minuten ziehen lassen.

Haselsträucher wurden auch als Schutz um das Goetheanum der Anthroposophen in Dornach gepflanzt. Das Märchen Aschenputtel handelt ebenfalls von der Hasel.

Holunder

Sambucus nigra

Holunder

Sambucus nigra

Botschaft

Ich lasse das Alte gehen und begrüße freudig das Neue in meinem Leben!

Ein Entwicklungsprozess erfordert oft Wandlung und neue Wege einzuschlagen. „Ich unterstütze dich bei der Veränderung und Reifung."

Meine Wesenskräfte

„Meine Kräfte helfen dir zu wachsen, Verantwortung zu übernehmen, schenken dir Lebenskraft und verbinden dich mit deinen Ahnen."

Lass dir ein wenig von mir erzählen ...

„Das alte Volksmärchen „Frau Holle" von den Gebrüdern Grimm erzählt von mir.

Ich bin ein Schwellenbaum, ein Tor zur Unterwelt, in das Reich der Holle, der Göttin der Anderswelt. Sie rührt den Kessel des Lebens. Schon eure Ahnen zogen vor mir den Hut!

Ich wurde in die Nähe der Häuser gepflanzt, im Glauben, dass in mir ein beschützender Hausgeist wohnt."

Meine Eigenschaften

Schweißtreibend, blutreinigend, schleimlösend, immunstimmulierend, entzündungshemmend, abführend

Rituale, Rezepte, Anwendung

Holunder-Räucherung

Eine Räucherung mit den getrockneten Holunderblüten ist gut für Übergangszeiten (z. B. Geburt, Tod, Lebenswandel, Feste im Jahreskreis usw.) oder Heilungszeremonien geeignet. Außerdem wirkt die Räucherung schützend.

„Omas Holunderkracherl"

In den warmen Sommermonaten gab es bei meinen Großeltern immer das erfrischende „Holunderkracherl" nach dem Rezept meiner Oma:

- **Zutaten:** 7 Dolden Holunderblüten, 7 Zitronenscheiben, 7 l Wasser, ½ l Weißweinessig, 1,5 kg Zucker
- Den Zucker vollständig im Wasser auflösen und den Essig dazugeben.
- Dann die Blütendolden in die Flüssigkeit legen

und darauf die Zitronenscheiben verteilen, so dass die Blüten gut damit bedeckt sind.

- 2–3 Tage in den Kühlschrank stellen, abfiltern und gekühlt in Flaschen aufbewahren.
- Schmeckt hervorragend mit Mineral- oder Quellwasser verdünnt!

Für die Gesundheit

Der Holunderblütentee ist sehr wirksam bei Atemwegserkrankungen, Erkältungen, Nebenhöhlenentzündungen und grippalen Infekten. Gerade im Herbst und in den Wintermonaten empfiehlt es sich, auch immer wieder vorbeugend ein Tässchen wärmenden Holundertee oder Holundersaft aus den Beeren zu trinken.

Teeaufguss

1 TL Holunderblüten getrocknet/2–3 TL frische Holunderblüten mit kochendem Wasser überbrühen und 5–10 Minuten ziehen lassen.

Hopfen

Humulus lupulus

Hopfen

Humulus lupulus

Botschaft

Beschwingt und voller Leichtigkeit lasse ich mich durch den Tag treiben!

„Mein Wesen erhellt dich, schenkt dir ein fröhliches und leichtes Sein. Lass dich von mir durch den Tag begleiten."

Meine Wesenskräfte

„Leicht und fröhlich lasse ich dich durchs Leben tanzen und nachts schenke ich dir erholsamen Schlaf."

Lass dir ein wenig von mir erzählen ...

„Man glaubt, dass meine Ranken von den germanischen Göttern, die in den Raunächten durch den Wald stürmen, als Zaumzeug benutzt werden.

Außerdem bin ich ein Symbol der Fruchtbarkeit und werde noch heute für Liebestränke verwendet.

Wenn man lange Haare haben möchte, besagt ein alter Glaube, dass man in der Jugend ein

Büschel Haare zusammen mit einer Ranke von mir in die Erde legen soll."

Meine Eigenschaften

beruhigend, schlaffördernd, verdauungsanregend

Rituale, Rezepte, Anwendung

Hopfensalbe gegen Falten

- Hopfenblüten frisch oder getrocknet in 100 ml Olivenöl (im heißen Wasserbad) ausziehen (ca. 60 Minuten), dann das Öl abfiltern und wieder ins Wasserbad stellen.
- Ca. 30 g zerkleinertes Bienenwachs dazugeben und rühren, bis es sich vollständig aufgelöst hat.
- Dann in Cremedöschen füllen und fest werden lassen.

Die Creme wirkt gegen Falten, sorgt für feste Konturen und straffe Haut.

Hopfen berührt die Sinne

Der süßliche Duft der frischen Hopfenzapfen kann sofort auf unsere Psyche wirken und uns ein heiteres Gefühl schenken, das offen macht, aufeinander zuzugehen.

Es lohnt sich also, beim Spaziergang im Spätsommer nach Hopfenzapfen Ausschau zu halten, um zu riechen, zu pflücken und die wunderbar leichten Zapfen zu befühlen. Ein wahrliches Sinneserlebnis.

Für die Gesundheit

Der Hopfentee aus den Zapfen hilft bei überreizter Sexualität und vorzeitigem Samenerguss. Er eignet sich auch gut für Mädchen in der Pubertät, da seine östrogene Wirkung das innere Gleichgewicht wiederherstellt.

Die Pflanze Hopfen kann auch als Tinktur, Bad oder Kräuterkissen angewendet werden.

Teeaufguss

1 TL getrocknete oder 2–3 TL frische Zapfen mit kochendem Wasser überbrühen und ca. 5 Minuten ziehen lassen.

Da der Tee sehr bitter schmeckt, kann er z. B. mit Zitronenmelisse gemischt und mit Honig gesüßt werden.

Der Hopfen als Gemüse

Die jungen Hopfensprossen können im Frühjahr als Gemüse wie Spargel zubereitet werden. Die Triebspitzen kann man auch frisch vor Ort naschen oder Salaten beigeben.

Hopfen nährt unsere Lebenskräfte, verkörpert das mütterliche Prinzip und vermittelt Geborgenheit.

Hornklee

Lotus corniculatus

Hornklee

Lotus corniculatus

Botschaft

Ich ruhe in meiner Mitte und schöpfe daraus meine Kraft!

„Ich stärke dich in Zeiten der Unruhe und schenke dir Entspannung."

Meine Wesenskräfte

„Ich erhelle das angsterfüllte Gemüt und stärke bei Erschöpfung."

Lass dir ein wenig von mir erzählen ...

„Ich durfte in keinem mittelalterlichen Burggarten fehlen und gehöre zu den vergessenen Heilpflanzen der Volksmedizin.

Der französische Arzt Henri Leclerc (1870–1955) entdeckte zufällig meine krampflösenden und beruhigenden Eigenschaften. Er hatte einer Bäuerin den Steinklee für eine Bindehautentzündung sowie ein Nervenleiden mit Schlaflosigkeit und Herzklopfen empfohlen. Die Frau pflückte fälschlicherweise den Hornklee und diese glückliche Verwechslung ließ ihre Schlaflosigkeit und die nervöse Störung verschwinden."

Meine Eigenschaften

Beruhigend, krampflösend, nervenstärkend

Rituale, Rezepte, Anwendung

Eine Einladung

„Da man über mich nicht viel in den Kräuterbüchern findet, lade ich dich ein, mich kennenzulernen. Suche mich in der Natur auf und beobachte mich. Betrachte meine Blüten, welch besondere Form sie haben. Wie wirkt meine Farbe auf dich? Welche Bilder tauchen in dir auf, welche Gefühle? Schau dir auch die Umgebung an, in der ich wachse. Welche Pflanzen gesellen sich zu mir?

Bei einem Besuch kannst du viel über mich und auch über dich erfahren – ich lade dich ein!"

Bienenfreund und Futterpflanze

„Als Futterpflanze bin ich hochgeschätzt und außerdem eine wichtige Nektarlieferant für Bienen, Schmetterlinge und Insekten ... und „Gute-Laune-Macher" für Menschenkinder!

Meine strahlend gelben Blüten leuchten auf Sommerwiesen und erhellen schon beim Anblick das Gemüt."

Für die Gesundheit

Hornklee stärkt die Nerven in angespannten Situationen und ist ein mildes pflanzliches Mittel bei Angstzuständen oder großer seelischer Erschöpfung und Schlafstörungen.

Der Tee sollte aber nicht zu lange und in großen Mengen angewendet werden, da er Zyanwasserstoffverbindungen (Blausäure) enthält.

Teeaufguss

1 g getrocknete oder frische Blüten/Tasse mit kochendem Wasser übergießen und höchstens 5 Minuten ziehen lassen. Maximal 2 Tassen am Tag trinken und nicht über längere Zeit!

Der Tee kann für eine Augenkompresse bei geschwollenen Augenlidern verwendet werden.

Für eine Mundspülung z. B. bei Entzündungen des Zahnfleisches nimmt man 1 TL Blüten auf eine Tasse kochendes Wasser. Diesen starken Absud aber nur zum Spülen verwenden, nicht trinken.

Johanniskraut

Hypericum perforatum

Johanniskraut

Hypericum perforatum

Botschaft

Ich bin erfüllt von hellem, goldgelbem Licht.

„Voller Sonnenkraft erhelle ich dein Gemüt in dunklen Zeiten. Visualisiere ein goldgelbes, strahlendes Licht, das vom Universum kommend auf dich strahlt und lasse dich durchfluten."

Meine Wesenskräfte

„Mit meinem sonnenhaften Wesen erhelle ich die Seele. Ich stelle mich mit Lichtkraft den krankmachenden Kräften und helfe dir, sie zu besiegen."

Lass dir ein wenig von mir erzählen ...

„Das Kraut Jagdteufel, Teufelsflucht, Teufelsfuchtel (*Hypericum perforatum*), gewöhnlich Hartheu genannt, besitzt eine Kraft gegen Zauberei und gegen den Teufel wie sonst kaum ein anderes Kraut."

Ritter von Perger 1864

„In der Volksmagie war ich eine mächtige Schutzpflanze. Auch Paracelsus sah in mir eine Medizin mit großer göttlicher Wirkung. Ein magischer Sammeltag seit jeher ist der Johannistag (24. Juni). Auch werde ich Sonnwendkraut genannt, weil man mich um diesen Zeitpunkt herum (21. Juni) sammelt."

Meine Eigenschaften

Nervenstärkend, beruhigend, entzündungshemmend, schmerzlindernd, antiseptisch, blutverbessernd, adstringierend

Rituale, Rezepte, Anwendung

Johanniskraut, das Schutzkraut in der Pflanzenmagie

- **Johanniskrautbündel:** Ein Bündel des lichtvollen Johanniskrautes, am Hauseingang oder im Raum angebracht, wirkt schützend gegen dunkle und negative Energien.

- **Räuchern mit Johanniskraut:** Eine Räucherung mit dem getrockneten, blühenden Kraut bringt Licht ins Gemüt, vertreibt negative Gedanken und Angst und wandelt alles Dunkle in eine lichtvolle Schwingung.

Das Johanniskraut wird auch Tüpfeljohanniskraut genannt, weil die Blättchen, wenn man sie gegen die Sonne hält, wie perforiert aussehen. Die Pünktchen, die wie kleine Löcher wirken, sind die Öldrüsen der Pflanze. Zerreibt man Blüte oder Blatt, sieht man den roten Farbstoff (Hypericin) auf der Haut. Das ist auch ein gutes Erkennungsmerkmal des Johanniskrautes.

Für die Gesundheit

Hildegard von Bingen nannte das Johanniskraut „Arnika der Nerven". Der Tee kann bereits ab Anfang Herbst getrunken werden, damit man lichtvoll gestärkt durch die dunklen Wintermonate kommt. Tee oder Tinktur können allerdings die Ausscheidung von körperfremden Stoffen fördern, was z. B. die Wirkung der Antibabypille oder von Psychopharmaka beeinflussen kann. Hier sollte man besser auf andere lichtspendende Pflanzen (z. B. Labkraut, Steinklee) zurückgreifen. Ein paar Tropfen des Johanniskrautöls können aber jederzeit unbedenklich Salatdressings lichtvoll verfeinern.

Teeaufguss:

1 TL ganzes blühendes, getrocknetes oder 2–3 TL frisches Kraut mit kochendem Wasser überbrühen und ca. 5 Minuten ziehen lassen. Der Tee sollte über längere Zeit getrunken werden.

Johanniskraut sollte nach einer längeren Sonnenperiode gesammelt werden, da es dann viel Hypericin produziert hat.

Ein Olivenölauszug des blühenden Krautes (über 4–6 Wochen) in der Sonne zeigt dann eine kräftige rote Färbung und man hat ein besonders hochwertiges Rotöl.

Klatschmohn

Papaver rhoeas

Klatschmohn

Papaver rhoeas

Botschaft

Ich bewege mich ruhig und entspannt durch den Tag und gönne mir Pausen!

„Stell dir vor, wie ich mich mit meinen schönen roten Blüten mit dem Kornfeld im Wind wiege, und träume dich weg vom Alltag. Nimm dir Zeit, zur Ruhe zu kommen!“

Meine Wesenskräfte

„Ich lade ein, in liebliche Welten zu reisen – zu träumen und sich eine Auszeit zu nehmen.“

Lass dir ein wenig von mir erzählen …

„Ich wurde für Liebesorakel verwendet und Mohnkuchen gehörte zu Verlobungsfeiern dazu. Es hieß, je mehr Mohnkörner für das Gebäck verwendet wurden, desto besser sollte die Liebe gedeihen.“

Bei den Germanen war das Mohngebäck ebenfalls Kultspeise und wurde als Seelenopfer den Toten gespendet. Mohn wird als Attribut sowohl der Göttin Demeter, wie auch Morpheus (Gott der Träume) und Hypnos (Gott des Schlafes) zugeordnet.

Meine Eigenschaften

Beruhigend, schlafördernd, entspannend

Rituale, Rezepte, Anwendung

Traumhafte Mohnräucherung für eine Auszeit

Geräuchert werden die getrockneten Kapseln mit Samen. Sie können z. B. neben Rosenblüten, Zimt, Nelken, Sandelholz und Johanniskraut in einer Liebesräucherung den Abend versüßen.

Für eine sanfte Reise ins Traumland mischt man die Kapseln z. B. mit Sandelholz, Eisenkraut, Hopfenzapfen und Zimt.

Schlafmohn und Klatschmohn

Klatschmohn enthält im Gegensatz zum Schlafmohn keine Opiumalkaloide und kann unbedenklich angewendet werden. Er besitzt eine sehr sanfte Wirkung.

Zum Sammeln des Klatschmohns

Möchte man den Klatschmohn in der Natur sammeln, sollte man unbedingt beachten, dass man nur Plätze wählt, bei denen man sicher weiß, dass keine Spritzmittel und Kunstdünger verwendet werden, da der Klatschmohn oft in Getreidefeldern wächst.

Für die Gesundheit

Ein Sirup von den Blütenblättern des Klatschmohns ist eine gute Einschlafhilfe für Kinder. Auch der Tee hat eine sanft beruhigende Wirkung und sorgt für guten Schlaf.

Teeaufguss

1 EL getrocknete oder 2–3 EL frische Klatschmohnblüten mit kochendem Wasser überbrühen und ca. 10 Minuten ziehen lassen.

Der Tee kann mit Honig gesüßt werden, dieser ergänzt zudem die beruhigende Wirkung des Mohns.

Nach Hildegard von Bingen soll man die Samen als Schlafmittel entweder in Wein kochen oder roh essen.

Zum Trocknen legt man die zarten Blüten dünn aus und nicht in die direkte Sonne. Die Kapseln hängt man mit den Stielen zum Trocknen auf. Am besten einen kleinen Karton zum Auffangen der Samen unterstellen.

Klette, Große

Arctium lappa

Klette, Große

Arctium lappa

Botschaft

Ich bin beschützt!

„Als giftwidrige Pflanze vertreibe ich „dämonische“ Kräfte und Negatives. Ich begleite dich heute und biete dir Schutz! Stell dir vor, wie ich einen Mantel aus Licht um dich lege.“

Meine Wesenskräfte

„Ich beschütze dich, wirke antidämonisch.“

Lass dir ein wenig von mir erzählen ...

„Bei den Ahnen war meine dämonenabwehrende Wirkung bekannt und man steckte mich zu Johanni (24. Juni) gebündelt über das Stalltor, um das Vieh vor Behexung zu schützen.

Ohne Eisen musste ich gegraben werden, um Schweinekrankheiten zu heilen. Bei Krampfanfällen legte man mich unters Bett.“

Meine Eigenschaften

Blutreinigend, hautreinigend, harntreibend, antibakteriell, schweißtreibend

Rituale, Rezepte, Anwendung

Klettentinktur

- Ein Glas zur Hälfte mit klein geschnittenen und etwas zerstoßenen Blättern und Wurzeln füllen.
- Mit mindestens 40%igem Weingeist auffüllen und an einem warmen Ort ca. 14 Tage ausziehen.
- Das Glas immer wieder schwenken, nach dem Auszug abfiltern und in eine saubere dunkle Flasche füllen.

Anwendung der Tinktur:

Äußerlich: Ein paar Tropfen der Tinktur z. B. in ein Gesichtswasser oder eine Pflegecreme miteingearbeitet, ist gegen unreine Haut und Akne zu verwenden.

Innerlich: Zur Blutreinigung z. B. bei Hautkrankheiten oder zum Wiederaufbau der Bakterienkultur im Darm nach einer Antibiotikabehandlung (z. B. kurmäßig über eine Woche). Bei Bedarf ca. 2–3 Mal täglich 4–5 Tropfen auf Zucker oder in einem Glas Wasser einnehmen.

Für die Gesundheit

Die Klette ist giftwidrig und eine sehr wirksame Pflanze bei Pilz- oder Bakterieninfektionen. Sie eignet sich hervorragend für eine Darmsanierung nach der Einnahme von Antibiotika. Hierfür kann die Tinktur oder der Tee angewendet werden.

Teeaufguss

1 TL getrocknete oder frische Wurzel oder bei Bedarf frische Blätter/Tasse über Nacht kalt ansetzen, kurz aufkochen und abfiltern.
2–3 Tassen/Tag oder kurmäßig über mehrere Tage trinken.

Der Presssaft aus der frischen, gewaschenen Klettenwurzel (zerkleinert und 1:1 mit Wasser ausgepresst) kann auf erkrankte Hautstellen (Akne, Entzündungen, Blasen, Flechten, Wunden usw.) aufgelegt werden (am besten auf ein Mulltuch streichen).

Ein Ölauszug der Klettenwurzel (am besten Heißauszug) kann zu einer Salbe weiterverarbeitet werden, so hat man über das ganze Jahr eine wirksame Wundsalbe.

Labkraut, Echtes

Galium verum

Labkraut, Echtes

Galium verum

Botschaft

Meine Engel sind bei mir!

„Dein Schutzengel ist immer bei dir und du kannst ihn um Hilfe bitten oder um Rat fragen. Bete zu ihm, wann immer du ihn brauchst und vertraue auf seine lichtvolle Begleitung."

Meine Wesenskräfte

„Ich vermittle lichtvolle Energie, beschütze dich und stärke die Engelkräfte."

Lass dir ein wenig von mir erzählen ...

„Ich bin der Göttin Freya, die Liebe und Fruchtbarkeit verkörpert, geweiht.

Als „Liebfrauenstroh" oder „Unser-lieben-Frauen-Bettstroh" wurde ich damals wie auch heute noch in manchen Orten den gebärenden Frauen unter das Leintuch gelegt.

Man kann sich dies vielleicht durch meine erdstrahlenabwehrende Kraft, die sogar durch die Forschung bestätigt wurde, erklären."

Meine Eigenschaften

Wundheilend, steinlösend, drüsenanregend, schleimlösend, wassertreibend, nervenberuhigend, Einsatz zur Krebsheilung

Rituale, Rezepte, Anwendung

Ein Dufterlebnis in der Natur

Das Labkraut lädt dich ein auf einen Besuch, suche es in der Natur auf. Es wächst bekanntlich an Plätzen, wo „uns die Natur liebt", und stärkt dort unseren persönlichen Schutzengel.

Riechst du den wunderbar süßen Duft des blühenden Krautes?

Bitte die Pflanze um ein kleines Sträußchen und trockne es zuhause zum Räuchern oder um es aufzuhängen. Wie du schon weißt, hat es eine strahlenabwehrende Wirkung.

Betörender Duft

Wenn das Labkraut in der Natur einen besonders starken Duft verbreitet, kommt es oft zu einer Schlechtwetterperiode.

Mit dem Räuchern der Pflanze sollte man ebenfalls sparsam sein, da ein Zuviel des Guten die entstörende Wirkung schnell ins Gegenteil wenden kann. Der Duft hat eine leicht narkotische Wirkung.

Für die Gesundheit

Das Labkraut kann bei Nervosität und Depressionen statt Johanniskraut eingesetzt werden.

Auflagen mit starkem Teeabsud können bei schlecht heilenden Wunden oder krebsartigen Geschwüren angewendet werden. Es empfiehlt sich, gleichzeitig den Tee auch innerlich anzuwenden.

Teeaufguss

1 TL getrocknetes oder 2–3 TL frisches Kraut/ Tasse mit kochendem Wasser überbrühen und ca. 10 Minuten ziehen lassen;
Empfehlung: ca. 3 Tassen/Tag.

Kräuterbuschen, -kranz und -kissen

Das Labkraut ist häufig Bestandteil des Kräuterbuschen (-strauß) an Mariä Himmelfahrt (15. August). Dieser Strauß aus verschiedenen Kräutern ist auch eine gute Möglichkeit, immer ein paar wichtige Räucher- und Schutzpflanzen im Haus griffbereit zu haben.

Man kann die duftenden Kräuter auch in Form eines Kranzes an der Haustüre oder im Haus anbringen oder in ein Kräuterkissen für einen wohligen Schlaf füllen.

Löwenzahn

Taraxacum officinale

Löwenzahn

Taraxacum officinale

Botschaft

Alles ist im Fluss und voller Vertrauen fließe ich mit dem Leben!

„Alles ist im ständigen Wandel, ich helfe dir, beweglich zu sein und dich mit dem Leben treiben zu lassen."

Meine Wesenskräfte

„Ich helfe dir, flexibel zu sein und voller Schwung in den Tag zu leben."

Lass dir ein wenig von mir erzählen ...

... mit Worten der Poesie:

Was wäre der Mai ohne Löwenzahnwiese! Es ist, als wäre die Sonne auf die Erde gefallen.
Bruno Vonaburg 2004

Keine Vase will dich. Keine Liebe wird
durch dich erhellt. Aber deines Samens
reine weiße Kugel träumt wie eine Wolke,
wie der Keim der Welt.
Josef Weinheber

Meine gefiederten Samen dienten schon euren Vorfahren zum Orakeln.

Meine Eigenschaften

Den Organismus reinigend, stärkend, tonisch, blutreinigend, vitaminreich, ausleitend, harn- und schweißtreibend

Rituale, Rezepte, Anwendung

Wunsch-Ritual aus alter Zeit

Im Volksglauben schreibt man dem Löwenzahn zu, Wünsche erfüllen zu können. Für das Ritual nimmt man eine samenbesetzte Pusteblume, bespricht sie klar und deutlich mit den Wünschen und pustet die wunschbeladenen Fallschirme hinaus in die Welt.

„Löwenzahnhonig"

- 3–4 Handvoll Löwenzahnblüten in 2 Liter Wasser kochen (ca. 15–25 Minuten).
- Die Blüten gut abseihen und anschließend den Saft von 2 Bio-Zitronen mit 1,5 kg Zucker einrühren.
- Es kann auch etwas abgeriebene Bio-Zitronenschale zugegeben werden.
- Nun die Flüssigkeit eindicken lassen, bis sie sirupartig wird. In dunkle Flaschen füllen.

Variante mit echtem Honig, ohne Zucker:

Eine Handvoll Löwenzahnblüten mit flüssigem Honig übergießen, so dass sie gut bedeckt sind, und in der Sonne ca. 2 Wochen ausziehen lassen, abfiltern und in ein Honigglas füllen.

Für die Gesundheit

Der Löwenzahn ist bestens geeignet für eine Frühjahrskur, um den Körper „durchzuputzen" und die Spuren des Winters zu beseitigen. Er reinigt den ganzen Organismus und versorgt uns mit vielen Vitaminen und Mineralstoffen.

Die Anwendung sollte stets von ausreichender Wasserzufuhr begleitet werden!

Teeaufguss

1 TL Wurzel oder 2–3 TL frische oder getrocknete Blätter kalt ansetzen und aufkochen lassen, ca. 15 Minuten ziehen lassen und 3 Tassen täglich trinken.

Für die Kur wird der Tee bis zu 4 Wochen täglich getrunken. Zusätzlich können die jungen Blättchen in Salate gemischt, für ein Kräuter-Frucht-Smoothie oder die Wildkräuterküche verwendet werden.

Aus den zerkleinerten, getrockneten Wurzeln (bei 200° C im Backrohr trocknen, bis sie röstbraun sind) kann ein Löwenzahnkaffee hergestellt werden.

Eine Hochachtung diesem wunderbaren Kraut, das so oft verachtend aus dem Garten verbannt wird – hat es doch große Bedeutung für unsere Gesundheit.

Margerite

Leucanthemum vulgare

Margerite

Leucanthemum vulgare

Botschaft

Mein Leben ist voller Freude und Harmonie!

„Mit meinen lachenden Blütenköpfchen erfreue ich das Herz und trage zu mancher Versöhnung bei. Lasse dich und andere von mir beglücken."

Meine Wesenskräfte

„Ich begünstige die Versöhnung nach Streit, wecke Großzügigkeit und die kindlichen Anteile im Menschen. Außerdem vermittle ich Kreativität und Herzlichkeit."

Lass dir ein wenig von mir erzählen ...

„Er liebt mich, er liebt mich nicht, ...", so wurden schon viele meiner Blütenköpfchen abgezupft und als Liebesorakel benutzt.

Zu Johanni (24. Juni) gebundene Margeritenkränze sollen eine besondere Heilkraft besitzen. Wenn jemand aus der Familie krank wird, gibt man zum Heiltee auch immer ein paar Blüten und Blättchen vom Johannikranz.

Meine Eigenschaften

Krampflösend, zusammenziehend, hustenlindernd, menstruationsregulierend

Rituale, Rezepte, Anwendung

Margeriten-Blütenessenz

- An einem sonnigen Tag legt man frisch gepflückte Margeritenblüten in eine nicht zu große Glasschale mit dünnen Glaswänden, die mit Quellwasser gefüllt ist.
- Wenn man will, kann man Stoffhandschuhe tragen, damit die Schwingung der Pflanze nicht durch den Hautkontakt beeinflusst wird.
- Die Wasseroberfläche wird mit Blüten bedeckt und die Schale dann für ca. 3–4 Stunden in die Sonne gestellt.
- Die fertige Essenz wird abgefiltert und in sterile Fläschchen zu ⅓ Essenz und ⅔ gutem Weingeist gefüllt.

Anwendung: Die Essenz vermittelt die Wesens–kräfte der Margerite. Es sind bereits 2 Tropfen Essenz auf 0,5 l Wasser ausreichend, um die Information der Pflanze aufzunehmen.

Die Herstellung der Blütenessenz sollte in einem meditativen Zustand stattfinden und nicht zwischendurch und in Eile. Sie ist von der Sonnenmethode nach Dr. Bach abgeleitet und kann so fröhlich machen, dass man sogar zerstrittene Gruppen wieder versöhnlich stimmen kann.

Vielleicht wirken ja ein paar Tropfen in der Duftlampe oder als Raumspray Wunder ... einen Versuch ist es wert!

Für die Gesundheit

Die Margerite ist krampflösend und bei Darmbeschwerden zu empfehlen. Sie hat außerdem eine menstruationsregulierende Wirkung und es empfiehlt sich, den Tee bereits vor der Menstruation zu trinken.

Die Pflanze ist auch bei Asthma und bei Atemwegserkrankungen wegen der beruhigenden Wirkung auf die Schleimhäute sehr hilfreich.

Teeaufguss

1–2 TL getrocknete oder 2–3 TL frische Blütenköpfchen/Tasse mit kochendem Wasser überbrühen und ca. 5–10 Minuten ziehen lassen.
Man trinkt 2 Tassen/Tag.

Möhre, Wilde

Daucus carota

Möhre, Wilde

Daucus carota

Botschaft

Ich vertraue auf meine innere Führung.

„Deine Gedanken werden von mir auf das Wesentliche gelenkt und zentriert. Du siehst klar dein Ziel/deinen Weg vor Augen. Aus deiner Mitte heraus wirst du stark sein."

Meine Wesenskräfte

„Ich zentriere dein Bewusstsein und kläre deinen Blick, um das Wesentliche zu erkennen."

Lass dir ein wenig von mir erzählen ...

„In der Sympathiemedizin ist in fast allen Teilen Europas bekannt, dass ich bei Gelbsucht anzuwenden bin. Meine ausgehöhlte Wurzel wird mit dem Harn des Kranken befüllt und in den Rauchfang gehängt. Ist die Wurzel vertrocknet, ist auch der Kranke von seinem Leiden befreit. Ich bin die Stammmutter der beliebten Karotte."

Meine Eigenschaften

Harntreibend, entzündungshemmend, appetitanregend, stoffwechselfördernd

Rituale, Rezepte, Anwendung

„Daucus carota“ – Wirkung der Urtinktur

Die Wirkung der Urtinktur (z. B. von der Firma Ceres) kann zur Zentrierung bei Konzentrationsstörungen, bei Antriebsschwäche und Depressionen angewendet werden. Es verschärft auch die Wahrnehmung der Sinne und fördert die Aufnahmefähigkeit des Verstandes.

Bei der Betrachtung und Meditation mit der Pflanze kannst du ebenfalls ihre zentrierende Kraft spüren.

Erkennungsmerkmal der Wilden Möhre

Bei der Wilden Möhre gibt es im Gegensatz zu den weiteren, oft schwer zu unterscheidenden Doldenblütlern ein eindeutiges Erkennungsmerkmal: In der Mitte der Dolde befindet sich meist eine dunklere Blüte, die auf den ersten Blick wie ein Insekt wirkt. Außerdem zieht die Möhre beim Abblühen ihre Dolden wie ein Nest nach oben zusammen, wodurch sich auch wundervoll das Bild der Zentrierung ergibt.

Für die Gesundheit

Die Wilde Möhre ist ein Vitaminspender, denn

sie enthält viel Vitamin A, B und C. Außerdem ist sie zur Darmreinigung geeignet, geraspelt, mit einem Schuss Öl und Zitrone. Bei Durchfall empfiehlt sich der Tee aus den Samen oder für Kinder ein Brei aus den gekochten Rüben. Es kann auch zur kultivierten Form, der Karotte, gegriffen werden.

Teeaufguss

1 TL Samen oder Wurzeln getrocknet oder frisch, kalt ansetzen, aufkochen und 10 Minuten ziehen lassen. Vor oder nach den Mahlzeiten trinken.

Die Samen sollen nicht während der Schwangerschaft eingesetzt werden!

Karotten-Ölauszug:

- Die gereinigte zerkleinerte Wurzel der Wilden Möhre in ein Glas geben (mind. bis zur Hälfte) und mit kalt gepresstem Olivenöl auffüllen.
- Dann 1–2 Wochen an einen warmen Platz stellen.
- Das Öl filtern und in dunkle Flaschen füllen.

Verwendung: Das Öl kann äußerlich zur Haar- und Hautpflege oder auch zum Verfeinern von gesunden Rohkostsalaten eingesetzt werden.

Rotklee

Trifolium pratense

Rotklee

Trifolium pratense

Botschaft

Ich werde vom Leben reich beschenkt!

„Achte heute besonders darauf, was dir das Leben schenkt. Manchmal sehen wir „den Wald vor lauter Bäumen nicht“. Glück ist oft so nahe! Wenn du dich öffnest für die kleinen Glücksmomente an dem heutigen Tag und auf deinem Weg, werden sie gewiss eintreffen. Sei einfach aufmerksam, lasse dich beglücken und staune ...“

Meine Wesenskräfte

„Ich reinige und stärke deinen Körper.“

Lass dir ein wenig von mir erzählen ...

„ ‚Himmelsbrot‘ oder ‚Herrgottsbrot‘ werde ich im deutschen Volksglauben genannt und bei den Kelten war ich als Sinnbild der dreifaltigen Göttin eine wichtige Heilpflanze.

Mein Verwandter, der Weißklee (*Trifolium repens*), war als die ‚Fußstapfen der Göttin‘ bekannt und besonders segensreich.

Als wichtige Bienennahrung ist es wohl verständlich, wie bedeutend ich für die Entwicklung der Menschheit bin."

Meine Eigenschaften

Östrogenhaltig, harntreibend, krampflösend

Rituale, Rezepte, Anwendung

Lebenselixier

- 2 Handvoll Kleeblüten, 2 Handvoll kleingeschnittene Blätter und Blüten der Zitronenmelisse, je 1 TL Tausendgüldenkraut, Wermut und Rosmarinblätter mit 1 l Kornbrand (mindestens 40 Vol.-%) übergießen.
- 14 Tage im Warmen stehen lassen – täglich schütteln – dann abfiltern, auspressen und in eine dunkle Flasche füllen.

Anwendung zur Stärkung: 1 EL Elixier in eine Tasse mit heißem Wasser einrühren und mit Honig gesüßt 2 Mal täglich trinken.

Ein Spaziergang ...

an einem schönen Sommertag entlang einer Kleewiese kann ein besonderes Erlebnis für die Sinne sein. Koste doch einmal den süßen Nektar des Klees, indem du die roten Blüten an der weißen Unterseite aussaugst.

Beobachte und höre den Bienen zu, die sich summend am Nektar laben und freue dich über die schöne rote Farbe – vielleicht hast du ja Glück und entdeckst sogar ein vierblättriges Kleeblatt.

Für die Gesundheit

Rotklee enthält viele Vitamine, Mineralien, blutverdünnende Substanzen und pflanzliche Hormone (Phytoöstrogene).

Letztere können Zellen schützen und sind eine gute Vorsorge gegen hormonabhängige Krebskrankheiten wie z. B. Brust-, Prostata- oder Gebärmutterkrebs.

Teeaufguss

1 TL getrocknete oder 2–3 TL frische Kleeblüten mit kochendem Wasser überbrühen und ca. 5–10 Minuten ziehen lassen.

Der Teeaufguss ist blutreinigend, entzündungshemmend und anregend. Er eignet sich auch gut für eine Entschlackungskur im Frühjahr.

Farbtupfer für Speisen und Getränke

Die Kleeblüten können als gesunde und dekorative Farbtupfer in Salate, Bowlen oder Smoothies mit eingearbeitet werden.

Schafgarbe

Achillea millefolium

Schafgarbe

Achillea millefolium

Botschaft

Klar sehe ich mein Ziel vor Augen.

„Ich schärfe deinen Blick für das Wesentliche. Vertraue deiner eigenen intuitiven Kraft, so wird dein nächster Schritt dir klar vor Augen treten. Denk daran, dass alles in bester Ordnung und zu deinem Wohle geschieht."

Meine Wesenskräfte

„Ich stärke dein Drittes Auge, damit du klar deinen Weg erkennst, schärfe deine Wahrnehmung und stärke deine Intuition."

Lass dir ein wenig von mir erzählen ...

„Im Kräuterbüschel zu Mariä Himmelfahrt (15. August) biete ich Schutz vor bösem Zauber.

Als Räucherpflanze werde ich traditionell auch zum Orakeln, Hellsehen und Wahrträumen genutzt.

Außerdem wurde meine Wurzel getragen, um hellsichtig zu werden, und beim I-Ging, dem großen Weisheits-Orakel, verwendet man meine Stängel für die Schärfung der inneren Sicht."

Meine Eigenschaften

Entzündungshemmend, krampflösend, menstruationsregelnd, verdauungsfördernd

Rituale, Rezepte, Anwendung

Räuchern mit Schafgarbenblüten

Geräuchert werden die getrockneten Blüten. Die Schafgarbe verschafft beim Räuchern die genannte Klarheit und Ordnung, z. B. zur Hervorbringung von Visionen, sie stärkt unsere Intuition und lässt Zukünftiges erahnen. Sie ist eine sehr gute Räucherpflanze für die Traumarbeit und zum Orakeln (z. B. auch in den Raunächten).

Ätherisches Schafgarbenöl ...

hat eine kräftige blaue Farbe und kann z. B. auch zum Färben von selbst hergestellten Cremen und Seifen verwendet werden.

Wohltuend bei Menstruationsbeschwerden

Ca. 5–10 Tropfen ätherisches Schafgarbenöl auf 50 ml Johanniskrautöl, Beifußöl oder Olivenöl, damit sanft den Unterleib massieren.

Es kann auch ein selbst hergestellter Schafgarben-Ölauszug verwendet werden (S. 134).

Für die Gesundheit

Die Schafgarbe wird als „Allheilmittel" gelobt und hilft z. B. bei Regelstörungen, Magenproblemen, Bauchschmerzen, Blasenschwäche und Krampfadern. Der Tee kann auch zur Blutreinigung getrunken werden. Wohltuend ist die Schafgarbe z. B. auch in Kräuterkissen.

Teeaufguss

1 TL getrocknetes oder 2–3 TL frisches Kraut/Tasse (obere Pflanzenteile, Blüte, Stiel und Blättchen) mit Wasser überbrühen und ca. 5 Minuten ziehen lassen.

Fettes Schafgarbenöl leistet bei Bindegewebsschwäche gute Dienste.

Ein Ölauszug kann leicht selbst hergestellt werden:

- Frische Schafgarbenblüten mit dem oberen Teil des Stieles und den Blättchen in ein Glas füllen und mit Olivenöl übergießen (alle Teile müssen gut bedeckt sein).
- Das Glas mit einem Stofftuch abdecken und ca. 14 Tage an einem warmen Platz stehen lassen.
- Dann das Öl abfiltern und in eine dunkle Flasche füllen.

Das Öl kann pur aufgetragen oder zu einer Creme weiterverarbeitet werden.

In der Schwangerschaft sollte man die Pflanze nur bedingt und vorsichtig anwenden, da sie in geringen Mengen Thujon (abortives Nervengift) enthält.

Silberdistel (Eberwurz)

Carlina acaulis

Silberdistel (Eberwurz)

Carlina acaulis

Botschaft

Stark und selbstbewusst gehe ich durch den Tag!

„Ich stärke und verleihe kosmische Kräfte."

Meine Wesenskräfte

„Ich lenke schützende und stärkende Kräfte auf dich und wirke dämonenbannend."

Lass dir ein wenig von mir erzählen ...

„Mein Gattungsname ‚Carlina' geht vermutlich auf Karl den Großen zurück, dem ich der Sage nach von einem Engel als Mittel gegen die Pest in seinem Heer empfohlen wurde.

Der Volksname Eberwurz kommt daher, dass ich einen etwas eigentümlichen, animalischen Geruch verbreite.

Im Volksglauben heißt es, dass man mit mir durch ein Ritual die Kraft eines Menschen oder Tieres (z. B. Pferd) auf sich lenken kann. Eine Eberwurz bei sich getragen, soll Lebenskraft vermitteln."

Meine Eigenschaften

Stärkend, harntreibend, abführend, wundreinigend, schweißtreibend, magenwirksam, narbenbildend, appetitanregend, keimtötend

Rituale, Rezepte, Anwendung

Die Silberdistel als Schutzamulett

Im Volksglauben war die schützende Wirkung der Silberdistel bekannt. So wurde sie oft als schutzmagisches Amulett verwendet (z. B. schmückte man das Vieh beim Almabtrieb mit der Silberdistel). Auch als Türschmuck oder über dem Hauseingang wirkt sie „dämonenabwehrend".

Die Pflanze wird auch „Wetterdistel" genannt, da sie bei bevorstehendem Schlechtwetter ihre silbernen Blütenköpfe schließt.

Besonders eindrucksvoll war es für mich einmal, die Silberdistel auf einem alten Kultplatz mit starker Erdstrahlung (Steinkreis auf einer Weide) in einer Vielzahl anzutreffen.

Die Silberdistel ist streng geschützt und darf in freier Natur nicht gesammelt werden! Man kann aber versuchen, sie im Garten anzusiedeln, um sie für die Hausapotheke zu nutzen.

Für die Gesundheit

Der Volksglaube empfiehlt es, bei Übermüdung ein Stück der Wurzel bei sich zu tragen, um sich die aufbauende Schwingung der Pflanze zunutze zu machen.

Teeaufguss

1 TL getrocknete oder frische Wurzel kalt ansetzen, aufkochen und abseihen. 2 Tassen am Tag trinken.

Wesenhafte Eberwurz-Tinktur

Die Herstellung sollte wie ein Ritual gehandhabt werden, in der Gewissheit, dass man hier dem Pflanzengeist begegnet. Ungestört und achtsam, mit guter Energie, stellt man sich auf die Pflanze ein.

Von der Ernte bis zur Verarbeitung ist es ein besonderer Prozess und man nehme sich genügend Zeit dafür.

- Man gräbt vorsichtig die Wurzel, säubert sie und zerkleinert sie (am besten mit einem Porzellanmesser).

- Ca. 20 g der Wurzel werden mit 100 ml Alkohol (mindestens 62 Vol.-%, besser 96 Vol.-%) übergossen und 10 Tage ausgezogen.
- Wichtig ist das tägliche Schwenken des Glases!
- Dann wird der Auszug abgefiltert und in dunkle Flaschen gefüllt.

Von der wesenhaften Tinktur nimmt man 1–10 Tropfen (austesten) 2–3 Mal/Tag in einem Glas Wasser.

Steinklee, Gelber

Melilotus officinalis

Steinklee, Gelber

Melilotus officinalis

Botschaft

Ich lasse los. Göttliches Licht durchdringt mich!

„Mein sanftes Wesen und mein süßer Duft sollen dich beflügeln, mit Leichtigkeit durch den Tag zu gehen."

Meine Wesenskräfte

„Ich verleihe eine sympathische Ausstrahlung, spende Licht und helfe die Seele im Licht baumeln zu lassen."

Lass dir ein wenig von mir erzählen ...

„Bei den Kelten war ich eine heilige Zauberpflanze der Druiden und galt als Sinnbild für Lebenskraft.

Den Reisenden in die Schuhe gelegt, sollte ich Schutz bieten und gute Geschäfte begünstigen.

Ein Sträußlein meines blühenden Krautes in die Kleidung genäht oder bei sich getragen, verleiht eine sympathische Ausstrahlung."

Meine Eigenschaften

Erweichend, zusammenziehend, harntreibend, entzündungshemmend, schlaffördernd, schleimlösend

Rituale, Rezepte, Anwendung

Seelenbalsam

Getrockneter Steinklee setzt Cumarin frei, das auch im Waldmeister enthalten ist. Dieser Duft wirkt sich positiv auf das Gemüt aus und kann besonders im Winter ein Balsam für die Seele sein. Man kann das Kraut in Büscheln aufhängen, es in einen Kräuterkranz einbinden oder in ein Kräuterkissen füllen.

Räuchern mit Steinklee

Auch eine Räucherung mit Steinklee empfiehlt sich in den dunklen Wintermonaten. Das getrocknete Kraut kann z. B. mit Johanniskraut, Labkraut, Waldmeister, Alant, Weihrauch, Fichtenharz und weiteren lichtvollen Pflanzen zu einer aufhellenden Mischung zusammengestellt und verräuchert werden.

Für die Gesundheit

Ein starker Teeabsud kann als Gesichtswasser gegen Entzündungen und bei eitrigen Wunden verwendet werden.

Eine Salbe (oder Ölauszug) aus Steinklee hilft z. B. bei dicken Lymphknoten, Mandelentzündung oder Gelenksschwellungen.

Teeaufguss:

1 TL getrocknetes oder 2–3 TL frisches Kraut mit kochendem Wasser überbrühen und ca. 5–10 Minuten ziehen lassen. Man trinkt 2–3 Tassen/Tag.

Einige Tropfen der Steinkleetinktur in eine Gesichtscreme gemischt oder mit Tee getränkte Kompressen als Umschlag, sind hilfreich bei Couperose (roten Äderchen).

Storchschnabel,
Stinkender
Geranium robertianum

Storchschnabel, Stinkender

Geranium robertianum

Botschaft

Ich öffne mich für meine Heilung!

„Mein Wesen soll tief in dich hineinleuchten und dir Trost, Heilung und Reinigung schenken."

Meine Wesenskräfte

„Ich tröste und stärke deine verletzte oder ängstliche Seele und reinige die Atmosphäre."

Lass dir ein wenig von mir erzählen ...

„Die Landbevölkerung wusste von meiner Beziehung zu den Geistern der Luft und des Wassers und nutzte diese Kraft.

Einige Tropfen meiner wesenhaften Urtinktur oder ein Sträußchen meines blühenden Krautes in einer Schale mit (Quell-)Wasser reinigt auch heute noch Räume und schafft eine entspannte Umgebung (z. B. in Computerräumen, im Schlafzimmer usw.)."

Meine Eigenschaften

Hormonsteigernd, blutstillend, -reinigend, stopfend, harntreibend, tonisch, ziehend

Rituale, Rezepte, Anwendung

Storchschnabel bei Schwermut

Storchschnabel vertreibt Schwermut und es soll schon reichen, die Pflanze liebevoll anzusehen, um wieder heiteren Gemüts zu sein.

... als Notfallmittel

Die Anwendung der wesenhaften Urtinktur empfiehlt sich bei seelischen Schockzuständen und kann als Notfallmittel ähnlich wie die Rescue-Tropfen von Dr. Bach verwendet werden.

Es gibt verschiedene Storchschnabel-Arten, man verwendet nur den Stinkenden Storchschnabel – den man auch an seinem nicht sehr angenehmen Geruch erkennt.

Die Blüten sind klein, rötlich und mit weißen Streifen. Er wächst an schattigen Plätzen, Mauern, im Wald oder im Gebüsch.

Für die Gesundheit

Der Storchschnabel kann zur Entgiftung und Entschlackung verwendet werden. Die Anwendung empfiehlt sich auch bei Hautkrankheiten, Ekzemen, Insektenstichen und Zeckenbissen. Für Letztere empfiehlt sich der Gebrauch der wesenhaften Urtinktur (Herstellung siehe Seite 156).

Teeaufguss:

1 TL getrocknetes oder 2–3 TL frisches Kraut in einer Tasse mit kochendem Wasser übergießen und 5 Minuten ziehen lassen. 2 Mal täglich 1 Tasse vor den Mahlzeiten trinken.

Frisches Storchschnabelkraut soll, um den Hals und Nacken gelegt, sich ankündigende Ohrenschmerzen zum Abklingen bringen.

Reinigende Wirkung auch auf Plätze

Auffallend oft wächst der Storchschnabel z. B. auch an verlassenen Plätzen, Ruinen, verfallenen Häusern oder Schutthalden – vielleicht um gerade dort die Atmosphäre von alten Energien zu reinigen.

Taubnessel

Lamium purpureum / L. maculatum

Taubnessel

Lamium purpureum/L. maculatum

Botschaft

Mit Sanftmut begegne ich mir selbst und meinen Mitmenschen!

„Vertraue darauf, dass du mit Sanftmut und Ehrlichkeit an dein Ziel kommst."

Meine Wesenskräfte

„Ich behüte dich und unterstütze dein sanftes, ehrliches Wesen."

Lass dir ein wenig von mir erzählen ...

„Die Volksheilkunde kennt meine Anwendung bei Mensch und Tier als Sofortmaßnahme bei Verletzungen. Man legt vor Ort frisches Kraut auf die Wunden.

In der altchinesischen Literatur wird eine Pflanze als „Kraut der lächelnden Mutter" erwähnt. Die Beschreibung passt weitgehend zu meiner Schwester, der Weißen Taubnessel *(Lamikum album)."*

Paracelsus setzt diese mit den weiblichen Genitalien gleich und empfiehlt sie bei Frauenkrankheiten wie z. B. Weißfluss oder Unterleibserkrankungen.

Meine Eigenschaften

Schleimlösend, schmerzlindernd, wundheilend, blutreinigend, blutstillend, krampflösend, entzündungshemmend

Rituale, Rezepte, Anwendung

Taubnesselsirup für Körper und Seele

- 3 Handvoll frische Taubnesselblüten (rote und/oder weiße) in eine Keramikschüssel geben (kein Metall!).
- Mit 1 l handwarmem Wasser übergießen und ca. 24 Stunden zugedeckt ausziehen lassen.
- Dann abfiltern und 1 kg Zucker und 20 g Zitronensäure einrühren, bis der Zucker aufgelöst ist.
- Kurz aufkochen und in sterile Flaschen füllen.

Der Sirup aus den frischen Blüten tut Körper und Seele gut und kann mit Wasser verdünnt getrunken werden oder den abendlichen Tee versüßen!

Taubnesselblüten ...

können beim Spazierengehen einfach frisch genascht werden oder in Smoothies, Obstsalat & Co. hauchzarte Farbtupfer setzen.

Für die Gesundheit

Die Taubnessel wird bei Frauenkrankheiten als Tee oder Sitzbad angewendet. Sie ist ebenfalls leicht beruhigend und, dem Abendtee beigemischt, eine sanfte Einschlafhilfe (auch für ältere Menschen).

Teeaufguss:

2 TL frisches oder 2–3 TL getrocknetes Taubnesselkraut/Tasse (es kann die ganze Pflanze mit der Wurzel verwendet werden) mit kaltem Wasser ansetzen, zum Kochen erhitzen, dann 5 Minuten ziehen lassen. 3 Tassen täglich trinken! Als Kur ca. 2 Wochen lang.

Blütenwässerchen für große und kleine Menschenkinder:

- Man sammelt an einem sonnigen Tag (vorzugsweise vormittags) frische Blüten (z. B. von Gänseblümchen, Taubnessel, Veilchen, Schlüsselblume, Apfelbaum usw.) und gibt sie in einen Glaskrug.
- Diesen füllt man mit frischem (Quell-)wasser auf und stellt ihn für ca. 1–2 Stunden in die Sonne.
- Dann ist das Blütenwasser fertig – die Blüten können im Wasser bleiben.
- Das Blütenwasser sollte immer frisch getrunken werden.

Tausendgüldenkraut

Centaurium erythraea

Tausendgüldenkraut

Centaurium erythraea

Botschaft

Ich gehe behutsam mit mir um. Ich liebe mich so, wie ich bin!

„Vergiss nicht, unter all der Fürsorge für die anderen, auch deine eigenen Wünsche und Bedürfnisse zu berücksichtigen."

Meine Wesenskräfte

„Ich schenke die Kraft und Stärke, auch mal Nein zu sagen, und zeige dir, dass du keinem Ideal entsprechen musst – sei einfach du und nimm dich liebevoll an, ohne Wertvorstellungen anderer entsprechen zu müssen."

Lass dir ein wenig von mir erzählen ...

„Im Altertum war ich eine Heilpflanze des Zentauren Chiron. Er heilte mit mir seine stark vereiterten Wunden.

Zentauren sind in der griechischen Mythologie willensstarke, aber gleichermaßen menschenscheue Wald- und Bergbewohner, die einen menschlichen Oberkörper und den Unterleib eines Pferdes besitzen. Dies zeigt symbolisch auch meine Qualität, die das Oben und Unten, Ideal und Realität zu verbinden versucht und somit ein Gleichgewicht herstellt.“

Meine Eigenschaften

Entzündungshemmend, magenwirksam, reinigend, verdauungsfördernd, appetit- und kreislaufanregend

Rituale, Rezepte, Anwendung

Tausendgüldenkraut-Urtinktur

- Frisches Tausendgüldenkraut (Blatt, Stiel und Blüte) mit 100 ml Weingeist (mindestens 62–96 Vol.-%) in einem weithalsigen Glas übergießen (sodass alle Teile bedeckt sind) und an einen warmen Platz stellen.
- Wichtig ist das tägliche Schwenken!
- Nach 10 Tagen abfiltern und in dunklen Flaschen aufbewahren.
- Bei Bedarf 3–10 Tropfen in einem Glas Wasser einnehmen, 2–3 Mal/Tag.

Rhythmisches Herstellen der Urtinktur

Für eine wesenhafte Urtinktur nimmt man immer die frische Pflanze und hochprozentigen Alkohol (am besten 96 %igen Weingeist). Wichtig ist bei der Herstellung der ungestörte und bewusste Zustand, mit dem man der Pflanze begegnet. Bei der Urtinktur geht es um die Information, die Wesensmerkmale, die wir aus der Pflanze herauslösen wollen. Der Alkohol und die rhythmische Energie, die wir beim Schwenken aufwenden, helfen uns, an das feinstoffliche Wesen der Pflanze zu kommen.
Die Tinktur kann als hilfreiches Mittel bei Magersucht angewendet werden.

Für die Gesundheit

Das Tausendgüldenkraut ist durch die vielen Bitterstoffe, die es beinhaltet, sehr gut für den Magen und die Verdauung. Pfarrer Kneipp empfiehlt das Kraut bei Gemütskrankheiten, wie z. B. seelischer oder körperlicher Überlastung.

Teeaufguss:

1 TL getrocknetes oder 2–3 TL frisches, blühendes Kraut/Tasse über Nacht kalt ansetzen und dann leicht erwärmen. Nicht kochen!

Man trinkt bei Bedarf ca. 2 Tassen/Tag.

„Centaury", das Tausendgüldenkraut in der Bachblütentherapie

Die Bachblüte „Centaury" wird bei Menschen angewendet, deren Willensschwäche und Gutmütigkeit oft ausgenutzt wird und denen es schwer fällt, Nein zu sagen. Sie sind immer für andere da und vergessen dabei sich selbst.

Wegwarte

Cichorium intybus

Wegwarte

Cichorium intybus

Botschaft

Ich liebe mich und diese Liebe strömt aus meinem Herzen und erfüllt mein ganzes Umfeld.

„Wer sich selbst liebt, vermag unendlich viel Liebe zu geben und mit Liebe wird das Unmögliche möglich!“

Meine Wesenskräfte

„Ich helfe dir, dich selbst wertzuschätzen und zu lieben. So wirst du auch die Qualität der selbstlosen Liebe anderen gegenüber entwickeln können und auf sie vertrauen lernen.“

Lass dir ein wenig von mir erzählen ...

„Ich erzähle von der Liebe, die nicht loslässt, von einer Jungfrau, die sieben Jahre lang um ihren Liebsten trauert, der im Krieg gefallen ist.“

Eh als ich lass das Weinen stehn,
will ich lieber auf die Wegscheid* gehn,
eine Feldblum dort zu werden!

Ritter von Perger (*Wegwarte)

Eine Volksweisheit sagt:

„Dost, Harthaw (Johanniskraut) und Wegscheyd thun dem Teuffel vil Leidt."

Meine Eigenschaften

Verdauungsfördernd, blutstillend, tonisch, abführend, appetitanregend, magenwirksam

Rituale, Rezepte, Anwendung

Die Wegwarte als Seelentrösterin ...

Blaue Blüten können heilend auf die Seele wirken und lassen uns vertrauensvoll in die Tiefe blicken. Die Information kann auf (Quell-)Wasser übertragen und getrunken werden. (Zubereitung S. 152 „Blütenwässerchen")

Die Wegwarte als Zauberpflanze

Es gibt alte Aufzeichnungen über die Wegwarte als Zauberpflanze. So findet man etliche Berichte im deutschen Volksglauben aus dem 15. und 17. Jahrhundert. Der Ursprung des Zauberglaubens soll im Altägyptischen liegen.

Die gegrabene Wurzel sollte als Heilmittel für „verzweifelte Fälle" aufbewahrt werden und wurde z. B. auch den Frauen unters Leintuch gelegt, um die Geburt zu erleichtern. Besonders die Wurzel der weiß blühenden Wegwarte ist im Sympathieglauben hoch angesehen. Sie sollte am Jakobitag (25. Juli) schweigend gesucht und ohne Eisen gegraben werden. So vermochte sie hieb- und stichfest und unsichtbar zu machen.

Für die Gesundheit

Die Wegwarte kann z. B. bei Stoffwechselstörungen, verbunden mit Kopfschmerzen, Hauterkrankungen, Blähungen und Darmträgheit, als Teekur angewendet werden.

Teeaufguss

1 TL Wurzel oder Kraut getrocknet oder 2–3 TL frisch in 250 ml Wasser kalt ansetzen und aufkochen. Ca. 2 Minuten kochen lassen, abfiltern und täglich ca. 3 Tassen trinken.

Teemischung für eine Teekur

Teeaufguss wie oben beschrieben aus Löwenzahn, Tausendgüldenkraut, Pfefferminze, Mariendistel und Wegwarte zu gleichen Teilen herstellen und zwei Wochen lang täglich 3 Tassen davon trinken.

Die Bachblüte „Chicory"...

ist gut geeignet für Menschen, die in ihren Beziehungen „klammern", besitzergreifend sind und z. B. dazu neigen, sich einzumischen und andere zu manipulieren. Um diese Verhaltensweise zu ändern, stärkt sie das Selbstwertgefühl und fördert die Liebesfähigkeit und das Loslassen.

Die Begegnung und Arbeit mit den Pflanzen

Pflanzenwesen begegnen

Die Pflanzen und Bäume freuen sich über jede Beachtung, die wir ihnen schenken.

Sie bieten uns in vielfältiger Weise ihre Hilfe an, kommunizieren mit uns und sind glücklich, wenn wir sie wahrnehmen und ihnen unsere Aufmerksamkeit schenken.

Der „grüne Daumen“ zeigt uns den, der es versteht, mit seinen blühenden Freunden achtsam und liebevoll umzugehen. Pflanzen erfassen unsere Worte sogar aus weiter Entfernung, ob in Gedanken oder ausgesprochen, und spüren, wenn wir an sie denken. So können wir sogar im Urlaub mit unseren Zimmerpflanzen im Kontakt sein. Als Dank erfreuen sie uns mit gesundem Wachstum und schöner Blütenpracht.

Wenn wir zu der uns umgebenden Natur mit ihren vielen Pflanzen, Wildkräutern und Bäumen wieder eine tiefere Beziehung herstellen, sie genauer betrachten und wahrnehmen und ihr Achtsamkeit und Dankbarkeit schenken, werden wir erkennen, wie viele Wunder uns täglich geschenkt werden. Das Bewusstsein, dass die Pflanzen und Bäume unsere Anwesenheit spüren und unsere Worte hören, kann uns helfen, wieder mit ihnen zu kommunizieren. Die beseelte Welt von Mutter Erde wird für uns lebendig und tritt in Kontakt mit uns.

Mit den Pflanzenwesen zusammenwirken

Wenn wir uns auf eine tiefere Kommunikation mit den Pflanzen einlassen, können wir dem Pflanzengeist oder Deva begegnen. Für unsere Ahnen war es selbstverständlich, mit dem Geist der Pflanze zu sprechen und ihre Anliegen mit der Bitte um Heilung mitzuteilen.

Hier finden wir auch den Ursprung der alten Zaubersprüche bei Heilungszeremonien.

Es gibt viele überlieferte Sprüche, die von unseren Ahnen an die Pflanzengeister gerichtet waren und ausgesprochen wurden. Man besprach die Pflanze bereits vor dem Pflücken oder Ernten und auch bei einer allfälligen Behandlung. Die machtvollen Worte im Zusammenhang mit der Pflanze wirkten so ihre „Wunder".

Die Inder chanten z. B. ein geeignetes Mantra, um an den Pflanzengeist zu kommen. Es gibt dabei nur einen richtigen Klang, der ihn wecken kann, um dann dem Menschen die Heilkraft zukommen zu lassen.

Im praktischen Teil ab S. 185 werde ich ein paar Anregungen geben, wie wir uns dem Pflanzengeist nähern und mit ihm in Verbindung treten können.

Kraftvolle Worte

Wir erkennen die große Kraft und Macht unserer Worte und wie sie zusammen mit den Pflanzen wirken können.

Die wörtliche Bitte an eine Pflanze, was sie heilen oder bewirken soll, zusammen mit ihrer Anwendung, kann sehr machtvoll sein.

Auch der „Heilespruch“ hilft nicht nur bei Kindern, denn schon allein die Hingabe, sich um jemand Kranken zu kümmern, der gute Wille, ihm mit einer Pflanze zu helfen, für ihn da zu sein, ihm einen Tee aufzubrühen oder ihn mit einer Salbe einzureiben, und letztendlich die Worte „Bald wird es wieder gut sein!" können vieles wieder gesunden lassen.

Vom „Brauen der Zaubersäftchen" und Kräutertees

Die Besonderheit von selbst gesammelten Kräutern ist zu spüren, wenn man im Winter einen Holunderblütentee schlürft und der Duft der Hollerblüten einem in die Schnupfennase steigt. Man vermag sich augenblicklich wegzuträumen, zurück in den Sommer, zu dem Ort, wo man die Blüten gesammelt hat. Ist das nicht heilsam für die Seele?

Auch die selbst hergestellten Tinkturen, Salben und Heilöle sind wertvolle „Medizin" in unserer Hausapotheke. Dazu die Bilder von Sonnentagen und die eigene Energie, die darin steckt – vom Sammeln über die Weiterverarbeitung der Kräuter – sind in uns verankert und lassen uns an die schönen Erlebnisse in der Natur erinnern. Das kann in dunklen Wintermonaten die Seele erhellen!

Ein derartiger Prozess fehlt uns oft in unserer schnelllebigen Welt und bei fertigen Präparaten aus dem Handel. Weiß man doch manchmal durch das „Fachlatein“ der Pharmazie nicht einmal, mit welchen Pflanzen oder chemischen Keulen uns nun geholfen wurde. In Anbetracht dessen, dass uns ja jede Krankheit auch etwas sagen will und uns die Botschaft der benötigten Heilpflanze dabei helfen kann, die Antwort zu finden – sind wir mit Fertigpräparaten wohl eher weit von der Lösung entfernt.

Ich möchte den Kauf von Medikamenten nicht verurteilen und hole mir in Notfällen auch das eine oder andere Mittel aus der Apotheke, doch kann man auch Etliches selbst herstellen und sich und anderen damit viel Gutes tun.

Mit selbst gesammelten Teekräutern nimmt man die Informationen der Natur in der Umgebung, von Jahr zu Jahr wieder neu auf. So können wir uns mit der Natur verbinden und sie in uns verankern.

Ein Qualitätsmerkmal ist auch, dass die selbst getrockneten und nur grob zerkleinerten Kräuter besser ihre Inhaltsstoffe bewahren, als wenn sie bereits fein zerkleinert und eher bröselig im Fertigteebeutel landen.

Die vielen Möglichkeiten und das gute Gefühl – aus dem Bauch heraus

Es gibt eine Vielzahl an Kräutern und Mitteln, die uns helfen können, doch so verschieden wir sind, hilft oft jedem etwas anderes. Hier sollten wir trotz vieler Ratschläge aus unserem Umfeld nicht vergessen, auf unser Bauchgefühl zu hören. Es zeigt uns nämlich meistens am besten, welches Mittelchen uns nun wirklich hilft oder eher noch kränker macht als vorher.

Medizin soll „guttun" und was hilft es, den gesunden Kamillentee zu trinken, wenn man ihn nicht mag. Auch hier beschenkt uns Mutter

Natur mit vielen verschiedenen Pflanzen mit ähnlichen Wirkstoffen, so dass man gewiss ein für sich schmackhaftes Kräutlein findet.

Mit verschärftem Feingefühl die richtige Dosis finden

Wenn man sich mit Kräutern befasst, in verschiedenen Büchern liest oder sich mit Kräuterliebhabern austauscht, wird man schnell feststellen, dass es keine Patentrezepte bei der Kräuteranwendung gibt.

Hier verwendet man nur einen Teelöffel, dort zwei bis drei, die eine Salbe ist mit Schweinefett und die andere mit Lanolin hergestellt. Hier steht von 5 Minuten Ziehzeit und dort von 10. Wir erkennen auch hier, wie verschieden unsere Bedürfnisse sind und was bei dem einen hilft, kann bei dem anderen nichts bewirken oder schon zu viel des Guten sein.

Bei der Anwendung von Kräutern empfiehlt es sich, Erfahrungen zu sammeln und sich von seinem Gefühl leiten zu lassen. Vielleicht ist es gut, den Tee nicht jedes Mal grammgenau gleich zuzubereiten und sekundengenau die Ziehzeit einzuhalten. Dadurch lösen sich mal diese und mal jene Stoffe aus dem Teekraut und versorgen einmal als starker und einmal als sanfter Aufguss unseren Körper auf verschiedene Weise.

Die Angaben in Büchern, wie auch in diesem, dienen zur Orientierung und können von jedem nach Bedarf abgewandelt werden.

Dennoch gibt es zwei wichtige Punkte, die man beachten sollte: man sammle nur Pflanzen, die man kennt und genau identifizieren kann, und experimentiere nicht mit hochgiftigen, stark alkaloidhaltigen Pflanzen.

Vom kreativen Prozess der eigenen Medizin und der Einzigartigkeit ihres Herstellers

Der Umgang mit Kräutern und die Verbindung mit den Wesen der Natur stellen einen kreativen Prozess dar und zeigen uns die Einzigartigkeit jedes Menschen.

Wenn wir uns intensiv damit beschäftigen, uns mit Hilfe der Pflanzen Gutes zu tun, werden wir in unseren Heilanwendungen immer kreativer und unabhängiger und lernen wieder mehr darauf zu vertrauen dass wir uns selbst helfen können. Das Sammeln und Weiterverarbeiten der Kräuter erfordert unsere volle Energie und den Willen, uns oder auch anderen Gutes zu tun.

Das Ergebnis, sei es eine Teemischung, Tinktur, Salbe oder ein Öl, ist schon allein durch diesen Prozess kraftvoll aufgeladen.

Zum Ganzen – auch das Unsichtbare, das uns mit der Natur verbindet

Alle Dinge,
die uns materiell entgegentreten,
sind nur die äußere Hülle
von geistigen Wesenheiten.
Rudolf Steiner

Da wird erzählt von Elfen und vom Wurzelvolk, von fliegenden Sylphen und von Feuergeistern, in Märchen, Mythen, Sagen, Legenden, Volksliedern und Gedichten.

„Märchen sind auch die Sprache der Seele der Natur", bemerkt der Ethnobotaniker Wolf-Dieter Storl in seinem Buch „Die Pflanzen der Kelten" und die Gebrüder Grimm z. B. haben einen Schatz an diesen altüberlieferten Geschichten aus dem Volk zusammengetragen.

Auch die „Edda" ist eine Sammlung aus alten nordischen Heldenliedern und Geschichten der Mythologie, deren früher Teil zwischen dem 9. und 12. Jhdt. entstanden ist.

Der jüngere Teil, die „Snorra Edda" wurde von dem isländischen Politiker und Staatsbeamten Snorri Sturlson (1179–1241) verfasst.

Die Märchen und Mythen sind nicht einfach nur erfundene Fantasiegebilde, sondern vermitteln uns Botschaften aus und über die unsichtbare, die Anderswelt. Dort existieren die Götter, Natur- und Geistwesen und unsere Ahnen.

Früher war diese Anderswelt für die Menschen so real wie die sichtbare Welt, so war sie z. B. auch für die Kelten tief verwoben mit der Realität.

Der Volksglaube erzählt uns ebenfalls von einer beseelten Natur, dort fand sich z. B. Holda, die

Göttin der Unterwelt, oder Frau Holle, wie wir sie kennen, in dem Hollerbusch hinterm Haus.
Darin hielt sich nach alten Glauben auch der Hausgeist auf. Man trieb Wetterzauber, gab Opfergaben an die Ahnen und Geister, sprach mit dem Vieh, schützte Hof und Stall durch aufgehängte Kräuter, bat die Feuergeister in den Raunächten, dass der Herd in der Stube auch im neuen Jahr sicher und gut das Feuer hütete, und war mit den Elementen und Geistwesen verbunden.

In Island lebt der Glaube an die Naturwesen noch heute weiter und es gibt dort sogar staatliche Sonderbeauftragte für sie.

Es muss also etwas dran sein an diesem alten Glauben und wenn man tief in sich hineinlauscht, kann man vielleicht schon etwas lauter die Stimme hören, die uns oft bereits dazu bringen wollte, uns wieder mehr mit dieser unsichtbaren Welt zu verbinden.

Denn diese Wesen sind uns
nicht täglich vor Augen, sondern
ganz selten, und wir sehen sie nur,
damit wir darum wissen,
dass es sie gibt, und sehen sie so,
als erschienen sie uns im Schlaf.
Paracelsus

Über die Anderswelt …

Wenn wir wollen,
können wir das verzauberte
Land betreten.
George William Russell

Lichtblitze, ein Grashalm oder Blatt bewegt sich trotz Windstille, ein Schmetterling fliegt tanzend und ganz nah an uns vorbei, Düfte, zauberhafte Blüten, Gänsehaut streift uns, ein plötzliches Lächeln ohne Grund, ein wohliges Gefühl wärmt unser Herz – das alles sind Beispiele für Zeichen aus dem verborgenen Reich.

Wenn man sich auf die Begegnung mit der Anderswelt einlässt, sollte man sich ohne Vorurteile öffnen für seine feinen Wahrnehmungen. Die zarte Verbindung zu dieser Welt kann so im Herzen wachsen und wie ein kleines Kind behütet in uns mitgetragen werden. Dieses Geschenk gilt es zu schützen, denn jeder Versuch, ob von uns oder von jemand „Ungläubigem“, diese Eindrücke als Spinnerei oder Einbildung abzutun, wird das Kind verletzen und die Verbindung schwächen.

Es braucht auch keine Wissenschaft für die Begegnung mit dieser Welt und keine Beweise, sondern ein offenes Herz für die Wunder, die wir erfahren werden, wenn wir die Natur mit dem Sinn für das Unsichtbare wahrnehmen.

Wilhelm Pelikan, der aus anthroposophischer Sicht über die Heilpflanzenkunde schrieb, bemerkte: „Das Haupthindernis ist die Angst, die der Mensch vor der geistigen Welt hat."

Sie ist es, die uns dazu verleitet, den Geisterglauben lächerlich zu machen.

In diesem Sinne sollten wir die Erlebnisse nur mit Menschen teilen, die offen sind für dieses Thema.

Es ist wichtiger,
dass jemand sich über eine
Rosenblüte freut,
als dass er ihre Wurzel unter
das Mikroskop bringt.
Oscar Wilde, (1854–1900)

Der Zugang zur Anderswelt

Die Anderswelt ist im Augenblick, im Hier und Jetzt, sie kann überall und nirgends sein und man betritt sie, wenn man sich öffnet und hindurchschreitet, durch den Schleier – weg vom Alltag.

Diese Welt besteht aus Bildern und Symbolen, aus Sinneseindrücken, Gerüchen, Klängen und Lauten, aus Farben und Gefühlen und ist gleichermaßen der Eingang in die Tiefen unserer Seele.

Wo die Natur am freiesten
und wildesten ist, sind Feen
und Elfen nicht weit.
Ted Andrews

Den Zugang zur Anderswelt finden wir z. B. im Wald, an Quellen, Bächen, am Meer, an „verwunschenen“ Plätzen und in alten Ruinen, bei unserer Lieblingsblume im Garten – überall dort, wo uns die ungezähmte Natur am intensivsten umgibt.

Dennoch ist es auch nicht ausgeschlossen, in Parks, auf unserem Wohnungsbalkon oder bei unseren grünen Zimmergenossen eine

Begegnung mit einer emsigen Elfe zu machen – umgeben von liebevollen Menschen, an „guten Plätzen“, fühlt sie sich vielleicht auch wohl.

Wir können bei einem Ausflug auch ganz bewusst die „andere Seite“ betreten, z. B. indem wir durch eine Hecke in ein verwildertes Stück Natur schlüpfen, über einen liegenden Baumstamm steigen oder uns den Waldrand als Eingang in die Anderswelt vorstellen. Beim Zurückgehen schreiten wir wieder bewusst über die Schwelle in die Realität.

Wichtig ist immer, ein geöffnetes Herz, Zeit und Geduld in die Anderswelt mitzubringen!

Vor allem Hektik, Sensationslust und bloße Neugier können die Verbindung zu den Bewohnern der Anderswelt behindern.

Die Zeichen wahrnehmen und mit den Wesen kommunizieren

Die Kommunikation mit den Wesen der Anderswelt verbindet uns mit unserer eigenen Seele und kann deshalb für jeden anders aussehen. Dennoch möchte ich einige Zeichen nennen, wie sich die Wesen äußern können:

- Plötzliches Lächeln, Gänsehaut oder Kribbeln auf der Haut erfüllt uns (ohne besonderen Grund)
- Blätter oder Grashalme bewegen sich, obwohl es windstill ist
- Plötzlicher Windstoß, kurzer Regenschauer, sanfte Regentropfen, ein Regenbogen
- Außergewöhnliche Farben, Düfte, Lichteinfälle, Rascheln, Töne, Rauschen
- Plötzliche Begeisterung für einen Ort oder Platz in der Natur
- Blüten, die uns anlocken, Pflanzen, Bäume, die uns besonders begeistern, beherbergen oft einen „guten Geist“

- Scheue Tiere nähern sich uns, Vögel, Schmetterlinge tanzen in unserer Nähe, ein Marienkäfer setzt sich auf unsere Haut
- Besondere Steine, Federn, Schneckenhäuser, usw. „fallen uns in die Hände“

Das sind nur wenige Beispiele, wie die Zeichen der unsichtbaren Wesen unserer Mutter Natur aussehen können, und jede Begegnung mit ihnen wird uns auch wieder mehr mit uns selbst verbinden und uns reiche Erfahrungen schenken. Wir können viel von diesen Wesen lernen und wenn wir uns ehrlich und von Herzen für sie öffnen, werden sie mit uns kommunizieren, uns helfen und auf unserem Weg begleiten.

Von Herzen danken!

Wir können auf verschieden Art und Weise – ganz unserem Wesen entsprechend – für Kontakt und Hilfe aus der Anderswelt danken. Das kann mit Worten, einem Lied, einer Räucherung oder einem Dankesopfer (z. B. Rosinen, Nüsse, Getreidekörner, Brot, Apfel, Sonnenblumenkerne usw.) geschehen.

Aber auch ein unausgesprochener Dank von Herzen wirkt – es geht um ehrliche und aufrichtige Anerkennung.

Schutz vor Schattenwesen

Es gibt auch dunkle und negativ behaftete Wesen oder Plätze. Dort wurde etwa die Natur durch Menschenhand verletzt und hat sich nicht mehr erholt. Hier können wir uns ganz auf unser Gefühl verlassen, wenn wir Angst oder Unbehagen spüren oder die Ausstrahlung eines Ortes uns nicht guttut, sollten wir uns ein helles Licht vorstellen, das uns erfüllt, aus unserem Inneren nach außen leuchtet und uns einhüllt.

Dann verlässt man am besten den Platz mit dem Bewusstsein, dass man nun wieder über die Schwelle tritt und alles Negative zurücklässt. Es gibt Heilungsrituale für die Natur, die man aber nur anwenden sollte, wenn man selbst in gutem, gestärktem Zustand ist (siehe S. 192).

Praktischer Teil

Das Pflanzentagebuch

Es empfiehlt sich, für die Begegnungen mit den Pflanzenwesen ein Tagebuch anzulegen, in dem man besondere Ereignisse und Begegnungen mit den Pflanzen und der Natur notiert. Es kann auch Gedichte, Zeichnungen oder Gedanken enthalten und wir haben die Möglichkeit, hier unsere Lieblingsplätze oder besondere Wahrnehmungen aufzuschreiben.

In diesem Buch können wir auch Fragen notieren, die wir ins Pflanzenreich geschickt haben, und die Antworten, die wir darauf erhielten.

Die Tageskarten können darin vermerkt werden und rückblickend am Abend die Besonderheiten, die uns über den Tag in dieser Hinsicht begegnet sind.

Das Tagebuch kann uns auf unseren Ausflügen ins Pflanzenreich und bei unseren Pflanzenmeditationen begleiten.

Der Nutzen des Tagebuches ist, dass wir durch die Notizen noch intensiver die Zusammenhänge zwischen der Natur und unserem Leben erkennen können und somit die Wahrnehmung für diese Verbindung noch mehr schärfen.

Schnelles Schreiben

Wenn wir uns mit dem Wesen einer Pflanze oder eines Baumes verbinden und damit kommunizieren möchten, ist das Tagebuch ein wichtiger Begleiter. Dort können die Gedankenblitze, Bilder, Gefühle und alles, was uns dahingehend „in den Sinn kommt", notiert werden.

Am besten ist es, alles schnell aufzuschreiben, ohne zu überlegen, ob das nun komisch oder wirr oder ohne Zusammenhang ist. Durch das schnelle Schreiben setzen wir die Verstandespolizei außer Gefecht und kommen an die Essenz, wohin wir auch wollen, an den Dialog zwischen der Pflanze und unserer Seele. So können die Botschaften ohne die Zwischenstufe des Wunsch- oder Realitätsdenkens bei uns ankommen.

Oft erkennen wir die Botschaft des Geschriebenen erst später oder wenn wir es wieder und wieder lesen. Es können wunderbare Dialoge, Gedichte, Geschichten, Bilder und Begegnungen entstehen.

Das Wichtigste, was wir mitbringen sollten sind Offenheit, Zeit und Geduld!

Anregungen für eine Pflanzenbegegnung oder -meditation

1. Vorbereitung

- Nimm dir **genügend Auszeit** für die Begegnung und suche dir einen schönen Platz aus. Das Handy bleibt Zuhause.
- **Nicht unmittelbar vorher etwas essen**, vielleicht sogar am Morgen nüchtern losziehen oder nur Gemüse und Rohkost zu sich nehmen (ca. 3 Stunden vorher) und vielleicht auf Fleisch ganz verzichten. Fleisch bindet unseren Geist stärker an den Körper, was für die Begegnung nicht vorteilhaft ist.
- Passende und vor allem **bequeme Kleidung** auswählen, evtl. auch ein Sitzkissen oder eine Decke einpacken.
- **(Quell-)Wasser mitnehmen:** Wasser ist ein Informationsträger und es empfiehlt sich, immer wieder einen Schluck zu trinken.
- **Tagebuch, Stifte,** evtl. eine kleine Stärkung für nachher (z. B. Obst) und vielleicht ein kleines Dankesopfer für Mutter Natur bzw. Räucherwerk (z. B. Beifuß) einpacken.

2. Einstimmung

Eine **Räucherung zur Reinigung** und mit Pflanzen, die einen auf die Begegnung einstimmen und dafür öffnen, wie z. B.:

- **Beifuß** (reinigt und verbindet mit den Pflanzen)
- **Baldrianblüten**
  (stärken den Kontakt zu den Elementarwesen)
- **Engelwurz** (Wurzel oder Samen, schafft eine Verbindung zu den Engelwesen)
- **Schafgarbenblüten** (intuitionsstärkend, helfen, Visionen hervorzubringen)
- **Lorbeerblätter**
  (verhelfen zur Hellsicht und visionären Schau)

3. Reinigung

Es kann eine **Aura-Lichtreinigung** durchgeführt werden. Sie bietet sich vor allem an, wenn man spontan in der Natur unterwegs ist oder sich von negativen Schwingungen an Plätzen reinigen möchte. Sie kann überall durchgeführt werden.

- Man schließt die Augen, ist im Hier und Jetzt mit sich verbunden.
- Man realisiert, wo man gerade ist, und geht dann mit der Wahrnehmung in seine Aura,

stellt sich eine Lichtdusche vom Universum kommend über sich vor, wie sie die Aura mit hellem Licht beregnet und alles Negative und Belastende abwäscht.

- Wenn wir uns vollkommen frei von Ballast fühlen, unsere Aura strahlend und glänzend rein ist, lassen wir uns noch von einem Wind trocknen und kehren zu unserer Mitte in den Augenblick zurück.

4. Verbindung

Nach der Reinigung können wir noch die **Verbindung mit „Vater Himmel“ und „Mutter Erde“ herstellen** und somit einen Kanal für die Vermittlung öffnen.

- Wir stellen uns vor, dass aus unseren Füßen Wurzeln wachsen, tief in den Erdboden, bis zum Erdmittelpunkt, und begrüßen Mutter Erde.

- Dann gehen wir mit unserem Bewusstsein zu unserem Hinterkopf (dort strahlt unser Licht, unsere Sonne) und stellen uns einen Kanal vor, der uns von dieser Stelle aus mit dem Himmel verbindet

- Wir begrüßen „Vater Himmel“ (Gott, das Universum, ...).

- Jetzt vereinen wir Himmel und Erde in unserem Herzen zu einem Ganzen und bitten um Vermittlung bei der Begegnung mit dem Pflanzenreich.
- Diese Verbindung benötigen wir auch für das Natur-Heilungsritual.

Wichtig ist, dass wir am Ende der Meditation, Pflanzenbegegnung oder des Rituals diese Verbindung trennen und in unsere Mitte und die Realität zurückkehren.

5. Los gehts!

Mit **verschärfter Wahrnehmung, Offenheit** und im Hier und Jetzt beginnt die Reise in das Pflanzenreich.

- Sich treiben lassen, wachsam sein, den Blick für die Zeichen schärfen.
- Bewegt sich dort ein Blatt? Winkt uns diese Blume herüber?
- Lädt uns eine Buche ein, ein wenig bei ihr zu verweilen und ihr zuzuhören?

... viele Begegnungen warten auf uns. Die Reise kann beginnen!

Heilungsritual für die Natur

Es gibt ein schönes Heilungsritual, mit dem wir der Natur helfen können, vor allem an Plätzen, an denen sie durch Menschenhand viel gelitten hat und unliebsam mit ihr umgegangen wurde.

Man verlässt sich hierbei auf seine innere Stimme, auf seine Eindrücke und wenn man das Gefühl hat, der Platz, Baum oder die Pflanze (auch Zimmerpflanze) könnte unsere Hilfe brauchen, gilt es festzustellen, ob diese Unterstützung auch erwünscht ist. Manchmal sind wir selbst nicht gestärkt genug oder die Energie an dem Platz würde uns zu sehr schwächen, deshalb ist dieser erste Punkt unbedingt immer durchzuführen.

1. Körperpendel befragen:

Wir stellen uns aufrecht und locker in den Knien hin. Nun sagen wir uns in Gedanken ein klares und bestimmtes JA! Der Körper sollte uns jetzt nach vorne ziehen. Wir stehen wieder gerade und sagen uns ein bestimmtes NEIN, nun zieht uns unser Körper leicht nach hinten. Man kann eine weitere Übung durchführen, indem man seinen Namen nennt: „Mein Name ist ...“, das Körperpendel zeigt „JA“.

Ist man sich sicher, mit dem Körperpendel umgehen zu können, stellt man die Frage: „Kann ich in diesem Moment etwas für diesen Platz (Pflanze, Baum usw.) tun?“ Zeigt uns das Körperpendel NEIN, dann ist es zu diesem Zeitpunkt nicht günstig, das Ritual durchzuführen. Es sollte in diesem Fall auch nicht experimentiert, sondern die Gegebenheit angenommen werden, wie sie ist.

Zeigt unser Körperpendel JA, dürfen wir hier etwas für Mutter Erde tun.

2. Reinigung, Erdung und Verbindung

Nun reinigen wir unsere Aura, wie auf S. 189 beschrieben, erden uns und stellen die Verbindung Mutter Erde und Vater Himmel her (siehe S. 190).

3. Heilendes Licht fließen lassen

Wir bitten Vater Himmel (das Universum, Gott ...) um heilendes Licht für diesen Platz (Baum, Pflanze usw.), öffnen weit unser Herz und stellen uns vor, wie das Licht durch uns hindurchfließt, leiten es voller Liebe von unserem Herzen dorthin, wo es benötigt wird (Erde, Pflanze ...).

Wir können dabei gerade stehen und auf Impulse achten, z. B. den Impuls, mit unseren Händen das heilende Licht weiterzuleiten, und mit diesen dann den Boden berühren. Wenn wir das Gefühl haben, es ist genug, bedanken wir uns für das heilende Licht vom Universum und kehren zu unserer Mitte zurück.

4. Verbindung trennen

Am Ende des Rituals ist es sehr wichtig, die Verbindung zwischen Himmel und Erde bewusst wieder zu trennen, dies vielleicht sogar auszusprechen – laut oder in Gedanken – und wieder in seiner Mitte anzukommen.

Das muss nach jeder Verbindung geschehen, damit wir wieder ganz bei uns ankommen! Der Zustand kann sonst ausgenutzt werden, z. B. von niederen Wesen oder negativen Schwingungen.

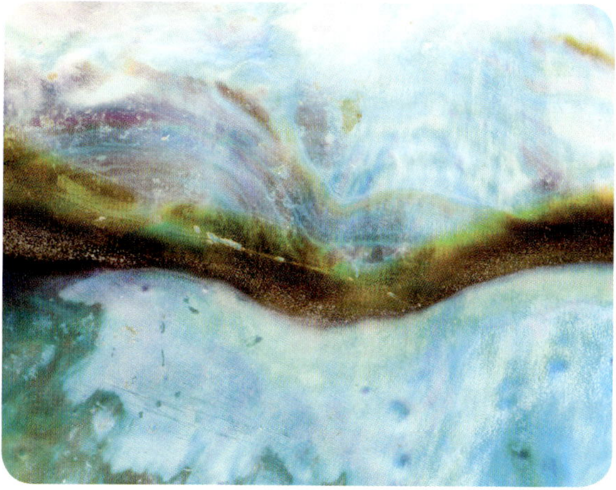

Eine schöne Erinnerung …

Nach einem Natur-Heilungsritual am Meer – ich stand dazu auf einem Felsen am Ufer – öffnete ich meine Augen und ging einen Schritt zur Seite. Dort lag vor mir eine wunderschöne, mit Perlmutt besetzte, schillernde Muschel. Ich nahm sie dankbar an – als Geschenk von Mutter Erde. Etwas verwundert ging ich weiter, hatte ich doch die Muschel vorher nicht gesehen. Es war wohl die Antwort auf mein Ritual, ein Dank von Mutter Erde für meine Hilfe.

Nachwort

Am Ende dieses Buches hoffe ich, dass ich Sie damit ein Stück näher den Pflanzenwesen und Mutter Natur bringen konnte.

Dass die leise Stimme in Ihrem Inneren laut geworden ist und Sie zurückzuholen vermag, zu Ihrem tiefen inneren Wissen um die Verbindung mit der Natur und ihren Wesen.

Von Herzen alles Gute,
Michaela Hörl

Worte des Dankes

Ich danke von Herzen meinen lichtvollen Begleitern, die mir bei meiner Entfaltung zur Seite stehn.

Danke liebe Mutter Natur mit all Deinen Wesen, für das Wunderbare, das du mir schenkst.

Danke meiner lieben Familie – Mama, Papa und Eli!

Von Herzen Danke an meine liebe Freundin Ines für den kraftvollen Antrieb und die bezaubernde Freundschaft.

Besonderen Dank auch an Nana Nauwald für die Ermutigung, mein Werk noch weiter in die Welt hinauszuschicken.

Dir lieber Noah, danke ich für all die Geduld, Unterstützung und Liebe, die du mir schenkst und die besondere Herzensverbindung.

Nicht zu vergessen, ein Dank an all meine lieben Höhenberg-Freunde, die liebe Lfi-Jury, Petra und Veronika von der Weinviertler Kräuterakademie, Ewald, meinen lieben Kolleginnen von AMATÉ, Herbert und Andrea und an alle, die mir so viel Zuspruch für mein Projekt schenkten.

Danke auch an das Team des Freya-Verlages für die Offenheit bezüglich meiner Buchgestaltung und besonders Isabell für den lieben Kontakt.

Mitchi

Buchempfehlungen

Bader, Marlis: Räuchern mit heimischen Kräutern, Goldmann Verlag 2008

Heras, Brigitta de las: Die Reise durch den Jahreskreis, Schirner Verlag 2011

Hirsch, Siegrid; Grünberger, Felix: Die Kräuter in meinem Garten, Freya Verlag 1996

Puhle, Annekatrin: Zwerge, Aquamarin Verlag 2010

Ruland, Jeanne; Dengel, Sabrina; Holzschuster, Diana: Elfenkraft-Kochbuch, Schirner Verlag 2007

Storl, Wolf-Dieter: Pflanzendevas, Knaur 2010

Storl, Wolf-Dieter: Die Pflanzen der Kelten, Knaur 2000

Storl, Wolf-Dieter: Kräuterheilkunde, Aurum 2008

Tegetthoff, Folke: Kräutermärchen, Nymphenburger Verlag 1998

Valkenberg, Ron van: Atlas der Naturgeister, W. Ludwig Buchverlag 2002

Zuther, Svenja: Die Sprache der Pflanzenwelt, AT Verlag 2010

CDs

Storl, Wolf-Dieter: Frau Holle und andere Pflanzenmärchen; Aschenputtel und andere Pflanzenmärchen, beide im KOHA Verlag 2008

Literaturverzeichnis

Bader, Marlis: Räuchern mit heimischen Kräutern, Goldmann Verlag 2008

Fischer-Rizzi, Susanne: Blätter von Bäumen, AT Verlag 2007

Hirsch, Siegrid; Felix, Grünberger: Die Kräuter in meinem Garten, Freya 1996

Kalbermatten, Roger: Wesen und Signatur der Heilpflanzen, AT Verlag 2002

Madejsky, Margret; Rippe, Olaf: Die Kräuterkunde des Paracelsus, AT Verlag 2006

Pelikan, Wilhelm: Heilpflanzenkunde, Philosophisch Anthrop. Verlag a. Goetheanum 1958

Puhle, Annekatrin: Zwerge, Aquamarin Verlag 2010

Scheffer, Mechthild; Storl, Wolf-Dieter: Das Heilgeheimnis der Bachblüten, Heyne 1995

Scherf, Gertrud: Zauberpflanzen Hexenkräuter, blv 2003

Stecher, Christine: Das kleine Buch der Feen und Elfen, Mosaik Verlag 2000

Storl, Wolf-Dieter: Die Pflanzen der Kelten, Knaur 2000

Storl, Wolf-Dieter: Mit Pflanzen verbunden, Kosmos Verlag 2005

Storl, Wolf-Dieter: Heilkräuter und Zauberpflanzen, AT Verlag 2007

Storl, Wolf-Dieter: Pflanzendevas, Knaur 2010

Valkenberg, Ron van: Atlas der Naturgeister, W. Ludwig Buchverlag 2002

Wilford, Richard: Gesundheit durch Heilkräuter, Rudolf Trauner Verlag, 1959

Zuther, Svenja: Die Sprache der Pflanzenwelt, AT Verlag 2010

www.mitchis-kunstwerk.com

freya

Eunike Grahofer
Die Leissinger Oma
224 Seiten, Hardcover,
15 x 21,6 cm,
ISBN 978-3-99025-103-4, € 19,90

Die Alten aus dem Waldviertel lernten von Jugend an, die Heilkräfte der Natur zu nutzen. Diesen reichen Erfahrungsschatz hob Eunike Grahofer in vielen Interviews und schrieb die traditionellen Rezepte auf. Apfelumschlag, Kastaniensalbe, Kirsch-Stingel-Tee, Schafgarbenbad, Wipferlsirup, Wurzelkaffee oder Zwiebel-Schmalz-Fleck sind nur einige davon.

Claudia Holl
Kochen für die Seele
196 Seiten, durchgehend farbig,
Flexocover, 17 x 22 cm,
ISBN 978-3-99025-106-5, € 19,90

Frische, hochwertige Lebensmittel der Region entwickeln ein Eigenleben, wenn man sie zubereitet. Fügt man die Zutaten einer Speise in der „richtigen“ Reihenfolge zusammen, wird das Gericht zur Seelennahrung. Selbst bei Schmankerln wie Wiener Schnitzel, Apfelstrudel oder Biskuitroulade kann der Körper das Optimum für Herz und Gemüt herausholen. Kochen nach der 5-Elemente-Lehre ist einfach.

Jetzt in Ihrer Buchhandlung & E-Book Store
www.freya.at • www.freya-verlag.de

freya

Claudia Holl

Kochen für die Mitte

176 Seiten, durchgehend farbig,
Flexocover, 17 x 22 cm,
ISBN 978-3-99025-107-2, € 16,90

Es bedarf einer starken Mitte, um ganz bei sich, stabil und geerdet zu sein. Aus dieser Stabilität heraus erwächst die Sicherheit und das Vertrauen zu sich selbst und die Klarheit über den eigenen Weg. „Kochen für die Mitte" ist ein Wegweiser zu sich selbst und zum eigenen Herzen. Übungen aus Kinesiologie und Jin Shin Jyutsu und vegane/vegetarische Rezepte auf Basis der 5 Elemente sind der Weg in die starke goldene Mitte.

Sabine Perndl

Backen ohne Zucker

136 Seiten, durchgehend farbig,
Flexocover, 17 x 22 cm,
ISBN 978-3-99025-117-1, € 14,90

„Backen ohne Zucker" zeigt anhand vielfach erprobter Rezepte gesunde Alternativen von Zucker (Glucose) und glutenhaltigem Mehl, besonders Weizenmehl.

Die Rezepte für Kuchen, Torten, Schnitten und Brote sind mit wenigen, aber wertvollen Zutaten einfach nachzumachen und schmecken köstlich.

Wissenswertes zu den verschiedenen Zutaten und Tipps sowie praktische Erfahrungen vom Einkaufen über die Zubereitung bis zum Haltbarmachen.

Jetzt in Ihrer Buchhandlung & E-Book Store

www.freya.at • www.freya-verlag.de

freya

Ingrid Kleindienst-John
Hydrolate
200 Seiten, durchgehend farbig,
Flexocover, 17 x 22 cm,
ISBN 978-3-99025-053-2, € 19,90

Hydrolate sind Nebenstoffe, die bei der Destillation ätherischer Öle entstehen. Es handelt sich bei den Pflanzenwässern um hochwirksame Produkte, in denen die wasserlöslichen Inhaltsstoffe der Pflanze gelöst sind. Neben der naturheilkundlichen Verwendung finden sich Hydrolate häufig in Kosmetika und sind besonders in der Aromatherapie beliebt.
Genaue Anleitungen ermöglichen die Herstellung von Hydrolaten in der eigenen Küche.

Ingrid Kleindienst-John
Pflanzen und Elemente
208 Seiten, durchgehend farbig,
Flexocover, 17 x 22 cm,
ISBN 978-3-99025-090-7, € 19,90

Die verschiedenen Heilpflanzen werden seit altersher einem der 4 Elemente zugeordnet. Und so gibt es Kräuter, die unsere Lufteigenschaften nähren und uns Ideen zufliegen lassen. Es gibt Pflanzen, die unsere Erdgebundenheit unterstützen und uns auf den Boden der Wirklichkeit zurückbringen. Es gibt grüne, wässrige Freunde, mit denen unsere Gefühle erblühen und es gibt eine Reihe von Gewächsen, die ein wärmendes Feuer in uns entfachen.

Jetzt in Ihrer Buchhandlung & E-Book Store
www.freya.at • www.freya-verlag.de

freya

Siegrid Hirsch
Gemüse- & Kräuter- Smoothies
144 Seiten, durchgehend farbig,
Flexocover, 17 x 22 cm,
ISBN 978-3-902540-92-8, € 12,90

„Grüne Smoothies“ sind eine Revolution. Salate, Kräuter und Blattgemüse werden mit etwas Obst oder Milch im Mixer fein zerkleinert und als grasgrüne Pflanzennahrung getrunken.
Das Mixen hat einen wunderbaren Effekt: Es „knackt“ die stabilen Zellen des „Grünzeugs“.
Das Buch enthält die besten Rezepte, die köstlichsten Kombinationen, Informationen, wie man sie herstellt, was man dazu braucht und wie Gemüse- und Kräutersmoothies den Stoffwechsel beeinflussen.

Renée & Bruno Weihsbrodt
Intelligente Ernährung der Zukunft
208 Seiten, durchgehend farbig,
Flexocover, 17 x 22 cm,
ISBN 978-3-99025-095-2, € 19,90

Frisches Gemüse, pralles Obst und aromatische Wildkräuter – mehr braucht es nicht, um unsere Geschmackssinne zu überraschen. Der Traum von absoluter Gesundheit lässt sich verwirklichen, meinen die Autoren – in erster Linie durch den Verzicht auf Fleisch, in zweiter Linie durch den Verzicht auf gekochte Speisen. Neben allen wichtigen Fakten zu einer Ernährung mit Rohkost enthält das Buch eine Fülle von Informationen über Obst und Gemüse.

Jetzt in Ihrer Buchhandlung & E-Book Store
www.freya.at • www.freya-verlag.de

freya

Hubert Leitenbauer
Prana Energie-Therapie
176 Seiten, durchgehend farbig,
Hardcover, 17 x 24 cm,
ISBN 978-3-99025-059-4, € 29,90

Die Prana Energie-Therapie® ist eine berührungslose Energiekörper-Heilmethode, die erstmals die europäische Mentalität und Physis berücksichtigt. Sie wirkt nicht nur oberflächlich auf die Aura ein, sondern zielt auf die Energiekörper. Gezieltes geistig-energetisches Einwirken führt zur Verbesserung des Gesundheitszustandes und zu mehr Wohlbefinden. Ein Anleitungsbuch.

Josef A. Moll
Numerologie
336 Seiten, Hardcover,
17 x 24 cm,
ISBN 978-3-99025-055-6, € 26,90

Mit Hilfe der Zahlensymbolik, der Numerologie, sind wir in der Lage, uns selbst und unser Gegenüber besser zu verstehen. Viele Beispiele, die man leicht selbst ausrechnen kann, erleichtern die Deutung von Geburtsjahr, -monat und -tag. Ausführliche Tabellen und Formulare helfen dem Leser, schnell die eigenen Schicksals- und Beziehungszahlen zu berechnen.

Jetzt in Ihrer Buchhandlung & E-Book Store
www.freya.at • www.freya-verlag.de

freya

Sylvia Grübl
Intutiv wissen
192 Seiten, Flexocover,
17 x 22 cm,
ISBN 978-3-99025-098-3, € 19,90

„Du kannst niemals einen anderen Menschen verstehen, bevor du nicht einen Mond lang in seinen Mokassins gegangen bist", lautet eine alte Indianerweisheit. Die Autorin beschreibt intuitive Zugänge der Urvölker, verschiedene spirituelle Ansätze, Grundelemente der Methode und protokollierte Fallbeispiele. Öffnen Sie sich für das unbegrenzte Potenzial Ihres Geistes - für MANTANKA - das große, universelle Wissen!

Eva Gütlinger
Schamanisch begleiten
240 Seiten, Flexocover,
17 x 22 cm,
ISBN 978-3-99025-096-9, € 19,90

Reisen in die innere Welt harmonisieren in symbolischer Weise Situationen und lösen Probleme spielerisch. Das "Werkzeug" dafür liegt in den eigenen Händen und der eigenen Vorstellungskraft. Die hawaiianische Form des Schamanismus, Huna, ist eine Philosophie, die mit verschiedenen Heiltechniken verbunden ist. Im Sinne des Huna ist das Leben ein Abenteuer, das uns vor verschiedene Herausforderungen stellt.

Jetzt in Ihrer Buchhandlung & E-Book Store
www.freya.at • www.freya-verlag.de

freya

Siegrid Hirsch / Felix Grünberger
Die Kräuter in meinem Garten
808 Seiten, 600 farbige Abbildungen,
Halbleinen, Format: 20 x 26 cm / A4,
ISBN 978-3-902134-79-0, € 34,90

Über 500 Pflanzen in Wort und Bild umfassend auf annähernd 800 Seiten dargestellt. Viele Tabellen, alle volksheilkundlichen Anwendungen, auch Homöopathie, TCM und Hildegard-Medizin. Über 1000 Rezepte für Teemischungen, Liköre, Weine Schnäpse, Tinkturen und Uressenzen, Kosmetik. Sammel- und Anbauinfos.

Siegrid Hirsch
Kräuter-Rezeptbuch
192 Seiten, durchgehend farbig,
Flexocover, 17 x 22 cm,
ISBN 978-3-902540-00-3, € 19,90

Wertvolle Hausmittel, selbst hergestellt. Tinkturen, Uressenzen, Kräuteressig, Kräuteröl, Marmeladen, Sirup, Säfte und Salben. Sammlung aus der Kräutergemeinschaft FNL, die seit 60 Jahren überlieferte Rezepte aus der Volksheilkunde aufzeichnet. Schritt-für Schritt-Anleitungen, auch für Laien.

Jetzt in Ihrer Buchhandlung & E-Book Store
www.freya.at • www.freya-verlag.de